日本一「楽」を生きる
お坊さんの開運説法

あの世の
お力
借りてみな

山平善清

KADOKAWA

昔々、あるところに
悟りを開こうと一心不乱
一生懸命に修行をするお坊さんがいました。

また別のところには
私たちを救おうとしてくださっている
神様の存在に気がついて

有り難く救われることにした
お坊さんがいました。

さて、
2人のお坊さんはその後
どうなったでしょうか……?

はじめに

これは、あるときの私と相談者さんの会話です。

「私の人生、いつも不幸なことばかり。こんな私でもどうにかして幸せになれますか？　一生懸命頑張れば、奇跡を起こせますか？」

山平「呪文を唱えたり、儀式を行ったりなどして、好きなときに思い通りに奇跡を起こせたら、素晴らしいことでしょう。でも残念ながら、私たち人間にはそのような力はありませんよ」

「やっぱり、根拠もない奇跡なんてものを望む私は、ヘンなのでしょうか？　現実を見ていないのでしょうか……？」

山平「いいえ。奇跡を求めるのは普通のことですよ。

誰しも奇跡を望みます。数字で測ることはできないし、目でも見えないし、手で触れることもできませんが、私たちは誰に教わらなくても〝奇跡がある〟ことを知っています。頭ではなく、心の奥にある魂でわかっています。

でも、一生懸命努力したからといって思い通りに奇跡が手に入るわけではありません。奇跡は神様のお力の領分ですから。私たちにそのような力はありませんよ」

「〝奇跡はある〟のに、私たちにそれを手に入れる力がないというのは、もどかしすぎます！　流れ星のように偶然たまたま〝落ちてくる〟のを〝待つ〟しかないのでしょうか？」

山平「いえいえ、そんなことはありませんよ。

私たちに力がないのであれば、力を持った方からお借りすればよいのですから！」

奇跡はあります。

古来、深い信仰心のあった日本人はそのことを知っていたので、誰もが奇跡を願い、奇跡に感謝して、日頃から八百万《やおよろず》の神様やご先祖様に手を合わせていました。

素直に奇跡を求めることで本当に奇跡が起こっていたから、みんなが「奇跡はある」と当たり前に信じていたのですね。

でも、果たして今はどうでしょうか。

人々は目に見えるものばかりを信じるようになって、奇跡や神様の存在を忘れてしまっていないでしょうか。

正体不明なものは怖いし、うかつには信じられないという気持ちもわかります。でも、いくら頭で否定しようとしても心の奥底では皆、〝奇跡はある〟と感じているもの。だからこそ、求めるのです。

魂に素直な方こそ、素直に奇跡を求めていらっしゃいます。

そしてそれは、素晴らしいことです。

私たちにとっての悩みは、奇跡が神様の領分でありますから、私たちの思い通りにはならないということです。

でもこれは、大したことではありません。


私たちの思い通りにならないことがあるなんて、当たり前のことです。

当たり前のことなのに、我慢ができなくなってしまっている。

むしろ、こちらのほうに目を向けてみましょう。


もしかすると私たちは、「自分でなんとかしなくてはいけない」と思いすぎているのかもしれません。だからこそ、目の前の現実が思い通りにならないと、自分の力不足を責めて苦しみ、神様が近くにいらっしゃるにもかかわらず、

「目に見えないものなんて求めていないで、現実をしっかりと見なくては！」とますます目を塞《ふさ》いでしまうのでしょう。

人生が思い通りにならないのは、あなたの努力が足りないせいではありませんよ。この世は思い通りにならないことがあって当然の世界です。

でも、悲観することはありません。

私たちにできないのなら、お力を持った方にお頼りすればよいのですから。

自分の力で思い通りにできることのちっぽけさに気がつくと、その外に広がる、大きな世界が見えてきます。

あなたが今、生きてここにいることや今日という1日が、いかに可能性にあふれていて、幸せで、有り難いことかに気がつくでしょう。いつにもましてよりいっそう、輝いて見えてくるはずです。

そもそも私たちは、無意識に神様のお力をあちこちでお借りしています。お正月に神社へ初詣に行ったり、子どもが怪我をしたときに「痛いの、痛いの、飛んでいけ!」とおまじないを唱えたり、家の仏壇やお墓に自然に手を合わせていたりしますね。

神様も奇跡も私たちにとって身近な存在です。

信じることであなただけが割を喰ったり、損失を被ったりすることはありませんから、どうか怖がらないでくださいね。

この本では、私たちに見えていて、思い通りにできる(と感じている)世界のことを、「この世」と呼びます。

対して、目では見えない、神様の領域である世界のことを、「あの世」と呼びます。

この世とあの世が重なり、区別なく混ざり合うことを私たちは「悟り」と呼びますが、一般の人たちは、そこまでたどりつかずとも大丈夫。

あの世とお近づきになるだけで、あの世からこの世に奇跡がなだれ込んでくるのを感じられるでしょう。

後にご説明をしますが、あなたが幸福を感じて、この世とあの世をより幸福色に変えていくことで、あなたはお借りしたお力に報いることができます。実はそれこそが、あなたがあの世の神様たちから期待されていることです。これから、そのための教えをお伝えします。

あなたの人生が奇跡で満ちあふれ、幸せになることを心から願っています。では、これからあなたを「この世から、あの世へ」誘《いざな》いましょう。

2023年9月

潮龍山 明王寺 住職　山平善清

この世とあの世って何？

人生の可能性を開く、
この世とあの世の仕組みを知りましょう。

「この世」とは、私たちに見えていて、思い通りにできる（と感じている）世界のこと。

「あの世」とは、神様の領域のこと。あの世では、奇跡が当たり前のように起こります。

この世とあの世が重なると、あの世の奇跡がこの世になだれ込み、現実になります。

←合掌とは、右手であの世、左手でこの世を表し、重ねることで成仏《じょうぶつ》を祈る仏教の作法

あの世のお力借りてみな

私たちは、身体、心、魂を通じて
あの世のお力をお借りしています。
さあ、その方法を知って、お力をお借りしてみましょう！

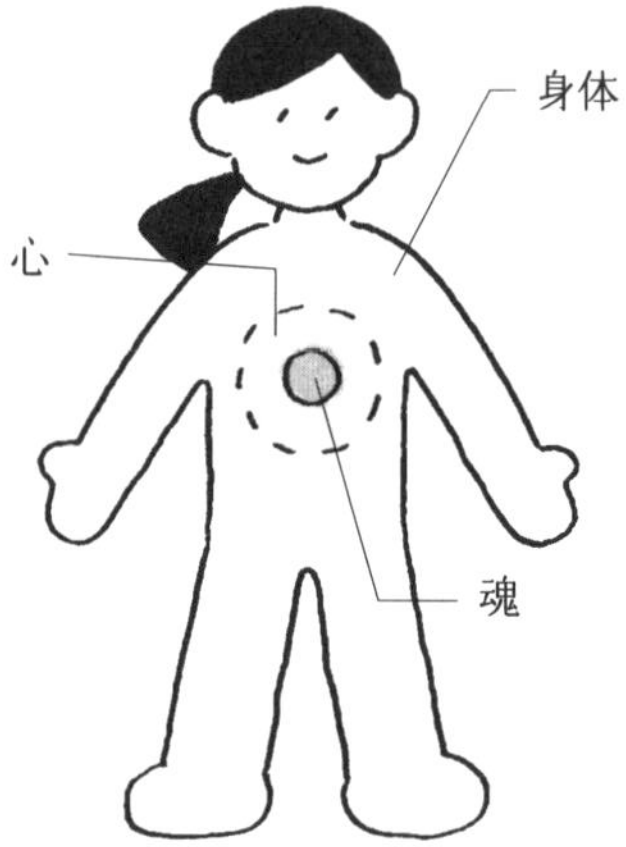

あの世のお力

身体、心、魂で
お借りしましょう。

→第1章（P.41）へ

身体

身体に癒しを与えて、現在、
過去、未来の悩みを解消し
ましょう。

→第2章（P.83）へ

心

心の迷いを取り除いて、神様や自分の本当の姿を感じましょう。

→第3章（P.171）へ

魂

魂を磨き上げて、人生をもっともっと、楽しみましょう。

第4章（P.197）

序章 あの世のお力って何？

第1章 身体・心・魂であの世のお力お借りする

第2章 身体でお力お借りしてこの世の悩みを解消！

第3章 心でお力お借りして信じる気持ちを取り戻そう！

第4章 魂でお力お借りして「奇跡」を悟る

装丁　井上新八
本文デザイン　二ノ宮匡（nixinc）
カバーイラスト　マノルブ/PIXTA
本文イラスト　鈴木衣津子
本文ＤＴＰ　エヴリ・シンク
校正　山崎春江
編集協力　野中真規子
編集　大井智水

序章

あの世のお力って何？

他力本願の本当の意味

三重県伊勢市にある明王寺で住職をする私のもとには、日々たくさんの切迫した悩みが届きます。


「借金やローンがなくならない。生活が苦しい！」

「夫／妻／親／子との関係がうまくいかない！」

「自分を騙《だま》そうとしてくる悪い人がいる！」

「生きている実感がわかない。寂しく、虚しい！」

「人生が思うようにいかない。辛いことばかりだ！」

……相談者もさまざまであれば、悩みの内容もさまざまです。

私はその一つひとつすべてに耳を傾け、考えます。

そしてお伝えする教えは、言い方や表現は違うにせよ、内容はほとんど同じことです。


「あの世のお力をお借りしましょう」

「他力本願から始めてみましょう」


これこそが悩みを解決するための本質的な回答だからです。


でもそう言うと、多くの方は最初驚きます。

「そんなことで何かが変わるわけがないだろう。信憑性《しんぴょうせい》がない」

「呑気《のんき》なことを言うな。今、困っているのに」

「楽をして幸せになれるわけがない」

「そんなズルいことをしてはいけない」

……そんなふうに答える人もいます。

しかしこれまで多くの方の悩みと向き合って感じるのは、

真面目な方や優しい方ほど、1人で頑張り続けようとしてしまう、ということです。

自分が頑張らなければ失敗してしまう。状況が悪化してしまう。人に迷惑をかけてはいけない。みっともないことをしてはいけない。だから、頑張らなければいけない。

そのような不安を抱いて自分を追い込んでしまうのでしょう。

実は、ここに落とし穴があるのです。

私が「あの世のお力をお借りしましょう。他力本願から始めてみましょう」と言うと、「まるっきりすべてを投げ出して他人任せにする」とか「人間は1人だけでは生きていけないから仲良くして助け合わなければいけないんだ」と誤解する人も多いのですが、そうではありません。

「他力本願」というのは仏教の言葉であり、「他力」とは、もともとは「阿弥《あみ》陀如来《だにょらい》様の力」のことです。

「他力本願」とは、「自分の力にとらわれることなく、阿弥陀如来様のお力をお借りすることが悟りに近づく道だ」という教えから生まれた言葉なのです。

この言葉は「一心不乱に修行することこそが悟りに近づく唯一の道」と考えていた人々に、大きな驚きをもたらしました。

さらに、私は独自の解釈を含んで「他力本願しよう」とお勧めしています。

そこには、

「あなたが見ているこの世界（この世）がすべてだと思うことをやめよう」

というメッセージを含んでいます。

あなたが見ている世界＝「この世」がすべてではありません。
私たちを取り巻く世界の大部分は、見えない世界＝「あの世」で構成されているからです。

日本は昔からずっと、信心深い国でした。
あらゆる現象やすべてのものに神が宿っていると信じて八百万の神を崇め、ご先祖様に合掌し、目に見えない自然の力を感じ、敬い、畏《おそ》れていました。あの世の神様の存在を信じていたので、信仰するという行為が、日常生活の中に当たり前のように組み込まれていたのです。

しかし今の人は、目に見えるものだけを信じすぎてしまっているように感じます。

あの世を含めれば世界は驚くほど広く、深いのに、そのことを忘れてしまっているのです。そして、目の前の現実だけにどっぷり浸かって、本当の世界の広さ深さを忘れることにも、慣れきってしまっています。

人間の意識には、自分が気づかないうちに使っている潜在意識と、自分が気づいて使っている顕在意識とがあります。

私たちが何かを選択したり、行動したりするときに使う潜在意識と顕在意識の比率は9：1であり、私たちの人生は潜在意識に大きく影響を受けているといえるでしょう。

同じように、私たちの毎日は見えていない世界（あの世）にも大きく影響されています。世界を構成している、あの世とこの世の比率も9：1。

あなたの目の前には、実はあなたが考えるよりも、はるかに大きな世界が広がっているのです。

人の習慣や嗜好《しこう》の大部分は、顕在意識よりも潜在意識の影響を大きく受けています。ですから、潜在意識をコントロールすれば、人生をよりよい方向に変えることができます。

同じように、自分の力だけでなんとかしようとするよりも、あの世の神様のお力もお借りすることで、人生ははるかに自然に、幸福なものへと変えることができます。

さらにいえば、あの世とこの世の力は、両方あることが自然です。

どちらかに偏るのは不自然なんです。

意識には潜在意識と顕在意識の両方があるように、人生も、あの世とこの世のお力を両方意識することでうまく回っていくからです。

今、テレビやインターネットのニュースを見ると、凶悪な事件が毎日のように起こっていますよね。

そして、多くの犯人は罪を犯した理由として「魔が差してしまった」と証言します。

後に詳しく説明しますが、あの世には幸運や奇跡などプラスのお力をもたらしてくれる神様だけでなく、〝人でなし〟を生み出す鬼や、魔を差してくる悪魔も存在しています。

そうしたマイナスのエネルギーをもたらすあの世の側面のことを、この本では「裏あの世」と書きますが、プラスもマイナスもあるあの世の力と、うまく付き合っていく必要があるのです。

よくも悪くも、あの世のパワーは超強大。あの世のプラスのお力を上手に借りながら、幸せな人生を切り開いていきましょう！

お借りする方法は、「合掌すること」

では、あの世のお力はどのようにしてお借りすることができるのでしょうか。その方法はとても簡単です。

「合掌」すればよいのです。

合掌とはもちろん、左右両方の手のひら同士を合わせることです。
あまりに簡単すぎて、びっくりしてしまうかもしれませんね。
でも、合掌はすべてのことの基本なのです。

そもそも合掌とは何でしょうか。
合掌は仏教に関連した作法です。仏教においては右手が仏様のいらっしゃるあの世の世界を、左手が自身が生きるこの世の世界を表しています。
そして、右左両方の手を合わせることによって、あの世とこの世の世界が一体となり、成仏を願う気持ちを表します。

合掌する瞬間、あの世とこの世がつながりますから、このときに、感謝と敬いの気持ちとともにお力をお借りするのです。

合掌することであの世とこの世を通い合わせる通路を作り、そこからお力をお借りして、奇跡を呼び込むというわけです。

普段、合掌に慣れていらっしゃらない方もいるかもしれません。
初めは何も考えられなくても、ただ形式的に手のひらを合わせてみるだけでもよいですよ。

1秒だけでもかまいません。

今、本を読む手を少しだけ止めて、合掌してみましょう。

……合掌してみましたか？

葬儀や参拝などでしか合掌したことがない、という方もいらっしゃるかもしれませんが、ぜひこれを機に合掌する機会を日常に取り入れてみてください。

例えば、食事をするとき「いただきます」「ごちそうさま」で合掌。

朝起きて、太陽の光を見て合掌。

有り難いことが起こったときに感謝の気持ちとともに合掌。

ご先祖様のことを思い出して合掌。

神社仏閣の前を通るときに合掌。

……ぜひ繰り返し合掌してみてくださいね！

合掌するたびに、あの世とこの世は近づいていきますから。

あの世のお力を借りると800万馬力

さて、あの世のことをもう少し詳しく見てみましょう。

日本人が昔から持つ感覚に照らし合わせてざっくり説明しますと、あの世とは、**「神様たちの居場所」です。**

日本人はかねてから、あらゆる存在を「神様」もしくは「仏様」として扱ってきました。八百万の神様でいえば、日本には太陽や月といった天体から、地、水、火、風、空といった自然、家の中の台所やトイレといった場所、道具や食べ物などに至るまで、あらゆるものに神が宿っていると考えられていますね。

過去の偉人も神様ですし、ご先祖様を仏様として神様と同様に祀ることも珍しくありません。宗教の異なるあらゆる神様もいらっしゃいます。

密教では神仏習合《しんぶつしゅうごう》思想といって、生きとし生けるものを救うためにさまざまな姿になって私たちの前に現れてくださる神様と仏様を、ともに人間を助けてくださる存在として、大切にしています。

この本ではそうした存在を広い意味で「神様」もしくは「仏様」と書かせていただきます。

つまり、あの世には少なくとも800万以上の神様がいるわけです。

さらには皆それぞれがお慕いしている神様やご先祖様など数えきれないほどの見えない存在もあの世にいらっしゃるわけですから、実際はそれ以上でしょう。

あの世のスケールの壮大さを感じていただくことができると思います。

単純計算しても800万倍の違いがあり、その差は一目瞭然。

先ほど、わかりやすく説明するためにあの世とこの世のパワーバランスとして9：1という数字を出しましたが、より詳細に見ていくと、実際にはそれよりもずっと大きな比になるでしょう。

昔は誰でも皆、神様への感謝と畏怖の感情を日々感じていて、手を合わせることで「あの世」とつながることができていました。

今の時代は昔よりも生活は便利になり、人間は生きやすくなっています。

一方で、あの世にいる神様の存在を忘れてしまったがために、1人で背負わなければいけない心の負担は増えているように感じます。

この世を1人だけの力で生き抜くことは大変困難です。

今こそあの世のお力をお借りして、もっと気を楽にし、さらにはあの世の奇跡もお借りして、人生を開運させる術《すべ》を身につけるべきではないでしょうか。

どんどん楽になりなさい

私はおかげさまであの世の神様や、この世の皆様からたくさんのお力をいただき、毎日とても幸せに生かさせていただいています。

そして、幸せになる秘訣を皆様に楽しくお伝えすることができています。


私は、日本一楽なお坊さんを自認しています。

そのようにお話をすると、皆様からよく、

「楽することばかり考えてはいけないと両親から言われて育ちました」

「どうしてもズルいことのように感じてしまうけれど、本当によいのですか?」

などと尋ねられます。

もちろん、楽にするとは、ただ怠けることではありません。ただ怠けるだけでは、充足感や幸せは感じられませんよね。

私のいう「楽にする」とは、気を楽にして、幸せを増幅させる、ということなのです。

そもそも、あの世におられる神様が力を貸してくださる理由は何だと思いますか？

それは、あなたを幸せにするためです。

あなたがあの世のお力をお借りして奇跡を得て幸せになれば、あなたはもっともっとあの世のお力をお借りできるようになるでしょう。

この世が奇跡であふれるようになれば、次第にあの世とこの世が近づいてくるでしょう。

そうすると今度は、この世で生み出したあなたの幸せを、神様のおられるあの世にお渡しすることができるようになっていきます。

あなたの幸せが、この世とあの世の幸せを増幅させることになる。

あなたが幸せになればなるほど、この世もあの世も幸せになっていくのです。これが神様の狙《ねら》いです。

神様はあなたに、もっともっと幸せになってもらいたいのです。

高野山の教えをベースにした開運説法

この本でお教えする考え方は、私が高野山真言宗《こうやさんしんごんしゅう》（真言密教）の修行を積んで習得した教えに、西洋哲学やインド哲学などの研究と、さらに独立してから建立した明王寺の住職としてたくさんの方の悩みをお聞きしながら得た実地の学びをもとにしています。

私の紹介をまだできていませんでしたね。

私は15歳からの約10年間、高野山で真言宗の修行を積んで阿闍梨《あじゃり》となり、現在は三重県伊勢市にある明王寺の住職をしております。

私の活動は、和尚としては少し変わっているかもしれません。

檀家を持たず、お葬式もほとんどあげません。

その代わりに、人の悩み相談を聞き、必要があれば供養やご祈禱《きとう》をし、全国を飛び回ってイベントも開催し、YouTubeやメルマガでの発信もしながら、多くの人に、もっと楽に生きる方法をお伝えしています。

なぜ私がこのような活動をしているかというと、仏教の教えやお寺という場所を、生きている人のためにもっと役立てたいと考えているからです。

真言宗の開祖である空海《くうかい》の教えとして、真言密教には「即身成仏《そくしんじょうぶつ》」という思想があります。「即身成仏」とは「この身このままで仏になれる」という意味で、さらに平たくいえば「誰でもこの世にいながらにして楽しく幸せに生きられる」と説いています。

つまり、「はじめに」でもお伝えしたように、いつの間にかこの世とあの世が近づいて、さらには一体となり、あの世の世界がこの世の世界に実現されていくことだと想像してみてください。

死んでからあの世に行くのではなく、生きたままあの世の世界に行くのです。

私はこのような幸せの秘訣をたくさんの人に説きたいと考えて、活動をしています。

「駆け込み寺」という言葉もある通り、お寺とは本来、悩みを抱えた人が気軽に相談しに来られる場所でした。しかし残念ながら現代ではお葬式や厄除《やくよ》けなどの祈禱に特化したお寺も多く、個人の相談を受け止めてくれるようなところは減っています。

だから私はお寺の境内にカフェを併設し、誰でも立ち寄り、話せるような場所を作りました。イベントやYouTubeで発信しているのも、気軽に悩みを相談してほしいという願いからです。

最初に「他力本願」のお話をいたしましたが、最初はあの世のお力をお借りしてみます。そして次には、この世における自分自身の幸せを増やしていくことで、今度は自分がこの世もあの世も巻き込んで、たくさんの方の幸せを増やせるようになっていけるでしょう。

自分の幸せが即《すなわ》ち他の幸せになっていく。仏教用語で「自利利他」と呼びますが、これが最終的な目標です。

「あの世のお力をお借りしよう」と言うと、「宗教みたいで胡散臭《うさんくさ》い」「私は仏教徒じゃないから関係ない」と思う方もいらっしゃるかもしれません。

ですが、あの世というのは、つながることで奇跡と幸福をもたらしてくれる、とても有り難い場所なのです。

あの世のお力を賢くお借りしながら、この世とあの世を幸せで満たしていきましょう！

第1章

身体・心・魂であの世のお力お借りする

身体・心・魂とあの世の関係

さあ、ここからはさらに具体的に、より踏み込んで「あの世のお力」についてお話をしていきます。

先ほど、あの世のお力をお借りする方法として「合掌」をご紹介しました。合掌することで、あの世とこの世を通い合わせる通路を作るのです。通路があるだけでも、そこからあの世のお力がなだれ込んでくるようになります。

そして、もっとあの世のお力をお借りしてみたいと思ったら、身体・心・魂を意識してお力を引き寄せてみましょう。

人間の身体の中には心が、そしてさらにその中には魂があり、つまり人間は3段階で構成されています。心は身体と魂をつなぐ存在です。

身体は物質世界のものです。目に見えて、触れることができます。それに対して魂というのはエネルギーで、目に見えませんし触れることもできません。

人間の肉体としての身体が死んであの世に行くと、成仏して魂だけになりますが、魂も神様と同じエネルギーでできています。

あの世とつながるとき、最初は主に身体を使おうとするでしょう。ですが、そこから心、魂も通じられるようになることで、あの世のお力をもっと深く引き寄せることができるようになっていきます。

この本では、あの世のお力を身体でお借りする方法を第2章で、心でお借りする方法を第3章で、魂でお借りする方法を第4章でご紹介します。

どの神様仏様にお頼りしたらよいか

あの世の神様仏様からお力をお借りするとよいですよ、とお話をすると、「どの神様仏様にお願いをしたらよいですか？」とよく聞かれます。

日本にはたくさんの神様仏様がいらっしゃいます。

火の神様、水の神様など身の回りの神様にお願いをしてもよいですし、あなたのご先祖様や、地元の神様にお願いしてもよいのです。

ただ、それでも、迷って決められない、まだ自分の神様を見つけられていない、と感じる方には、得意分野を持っている神様や仏様をご紹介することがあります。

悩みには大きく、
・「身体」や感情の疲れによって生じる現在、過去、未来の悩み。
・「心」が迷い、信じる心を失うことで、神様や自分の本当の姿を感じ取れなくなってしまう悩み。
・「魂」のレベルを上げて、自分が生きている理由や使命を悟りたい悩み。
があります。


実はこの本も、この、大きく分けたお悩みに沿って章を構成しています。

ここでは、現在、過去、未来に分けて、それぞれの悩みに寄り添ってくださる5人の仏様をご紹介しますから、自分の悩みと向き合うときに苦しさを感じたりしたときは、それぞれの仏様のことを想像して合掌してみてください。

また、より具体的な悩みに応じた頼り方は、第2章以降で詳しくご紹介をしています。

得意分野を持った5人の仏様

どの神様仏様にお頼りしたらよいかわからないとき、
まずは、得意分野を持った5人の仏様にお頼りしてみましょう。
具体的な悩みに応じた頼り方は、
第2章以降で詳しくご紹介をしています。

現在：不動明王様《ふどうみようおう》

炎の中に身を投じているのは、苦しみを請け負い、魔を燃やし尽くすため。

過去：阿弥陀如来様

極楽浄土の光で、過去の災難や遺恨を断ち切ってくださいます。

未来：
弥《み》勒《ろく》菩《ぼ》薩《さつ》様

お釈迦《しやか》様の未来の姿と呼ばれていて、将来の不安から解き放ってくださいます。

信じる心：
薬《やく》師《し》如《によ》来《らい》様

やすらぎや神秘を授けてくださいます。

奇跡：
大日如来《らい》様

宇宙の真理であり、宇宙そのもの。奇跡を悟らせてくださいます。

「現在」の苦しみを請け負ってくださる不動明王様

現在、過去、未来の悩みというのは、身体や五感があるために生じる不快感や痛み、疲れや不調、喜怒哀楽や感情の苛立《いらだ》ち……などからくるものです。

苦しくて悩んでいる場合、その原因は今現在発生しているものと、過去の執着や未来への不安に根付いているものとがあります。

現在悩めるあなたにお勧めしたい仏様は、不動明王様です。

「悩みの原因がはっきりしないけれど、苦しくて仕方ない」という方にも、まずは、不動明王様にお頼りすることをお勧めしています。

不動明王様は現在悩めるあなたの苦しみを請け負ってくださる、非常に力の強い仏様です。

両腕の筋肉を見ても、とても強そうですね。


不動明王様は裸同然のお姿で、炎（現世の苦しみ）の中に身を投じています。これは人の苦しみを請け負い、魔を燃やし尽くすためのスタイル。

不動明王様は一見怖い印象ですが、生き方を変えて感謝の心が生まれると、不思議と優しい顔に見えてくるようになります。


ちなみに、浄土には蓮の花のイメージがありますね。蓮の花の上にお座りになられている仏像などを見たことのある方も多いでしょう。

これは、私たちの上にある浄土から、私たちを引っ張り上げようとしてくださる慈悲の精神の表れです。

それに対して不動明王様は浄土ではなく、大盤石《だいばんじゃく》（＝現世）の上にお立ちになられています。

さらに、不動明王様は頭の頂に蓮の花を載せていらっしゃいます。上から引っ張り上げてくださるのではなく、頂の蓮の上に私たちを載せて、苦しむ私たちの身代わりとなり、私たちを上へ上へと持ち上げようとしてくださっているのですね。

他の仏様が穏やかな表情をされているのと違って、不動明王様は厳しいお顔をされていらっしゃいます。

厳しい方ではありますが、人生に大切な教えを授けてくださり、邪悪なものを退けてくださるのです。

ですから、苦しいことがあるときは、まず不動明王様にお頼りしてみましょう。ちなみに、私のお寺の御本尊も不動明王様です。

「過去」の災難を断ち切ってくださる阿弥陀如来様

過去に怒りや悲しみを感じた出来事への「執着」「遺恨」や、過去に嬉しさや楽しさを感じた出来事への「依存」、過去の失敗などに対する「後悔」などに苦しんでいる人は、阿弥陀如来様にお頼りしてみましょう。

また、過去の出来事で心の傷を負ったことが原因で、時間が経ってもその痛みが癒されず、現在のトラブルを引き寄せてしまう場合があります。例えば、過去に両親から受けた叱責が原因で、大人になった後も自分の意見が言えず、引っ込み思案になってしまう……というケースは珍しくないものです。

過去の災難にとらわれてしまっているかもしれない、と感じるときには、阿弥陀如来様に癒していただきましょう。

阿弥陀如来様は、蓮の花の上に座り、極楽浄土から浄化と癒しの光を放って、過去の執着を解消してくださる仏様です。そして再生・破壊・生まれ変わりを司《つかさど》ってもいます。

阿弥陀如来様は、別名・無量寿《むりょうじゅ》如来ともいわれ、無限の光を放ち、時空を行き来できるのも特徴です。

過去の出来事から生じる執着、依存、罪悪感などの感情に苦しむときは、阿弥陀如来様のお力を借りて、過去の辛かった出来事を、無限の光で前向きなエネルギーに変えてもらいましょう。

がんじがらめに絡まっていたような過去のしがらみも、スッと解いてくださいますよ。

「未来」への不安から解き放ってくださる弥勒菩薩様

未来に不幸になってしまうかもしれないと思う「不安」や、願いを叶《かな》えるために時間が足りないという「焦り」、嫌なことが起こるかもしれないという「恐れ」、悪くなるにちがいないという「妄想」などに縛られている人は、弥勒菩薩様にお頼りしてみましょう。

弥勒菩薩様は、お釈迦様が入滅《にゅうめつ》された56億7000万年後に「次のブッダ」としてこの世に降り立ち、お釈迦様の救いに漏れた人たちを救ってくださるとされている仏様。

お釈迦様の未来の姿ともいわれています。

「弥勒」という言葉には、「慈悲・慈しみから生まれたもの」という意味があります。弥勒を数字に表すと「369」になりますが、この数字にも特別なエネルギーが宿っているといわれています。

右手の指先を頬にあて、微笑みながら物思いにふけっているお姿は、「どうすれば釈迦の救いから漏れてしまった人々も救うことができるのか」と、思索を巡らせている様子を表しているといわれています。

同時に、足元は人々を救うために立ち上がれるよう準備していて、未来に不安を感じている私たちのもとに、いつでも駆けつけてくれます。

ところで、心配事の79％は実際には起こらず、残り21％のうちの16％の出来事も、事前に準備をすれば起こらないように対処が可能。つまり、95％の心配事は起こらないという研究がアメリカのペンシルベニア大学によって報告されていました。

私たちは不要な悩みをわざわざ自ら生み出してしまっているもの。

未来からいらした弥勒菩薩様にお頼りして、「そのような悩みは杞憂《きゆう》だよ」「心配事は起こらないよ」と言っていただきましょう。

「信じる心」を与えてくださる薬師如来様

私たちは日頃からご先祖様に手を合わせたり、あらゆるものに感謝をしたりする機会をだんだんと失ってきてしまっていないでしょうか。

詳しくは第3章でお話をしますが、あなたがあの世のお力をお借りしたいと思ったときに、あなたのご先祖様は大きな助けになってくださいます。あなたが困難にぶつかるなどしてあの世の奇跡を望むとき、あなたのご先祖様があの世にいらっしゃるあらゆる神様や仏様に口利きをしてくださるためです。

そして、あなたが今生きてここにいるのは、あなたのご両親をはじめ、あなたのご先祖様がいらっしゃったおかげ。

あなたは代々続くＤＮＡの最新モデル。そう考えてみて、ぜひご先祖様に感謝をしてみてください。

そして、信じる心を取り戻す手助けになってくださるのが、薬師如来様です。薬師如来様は病気を平癒し、心身の健康を守ってくださる仏様です。

薬師如来様が持っている薬壺《やっこ》には万能薬が入っており、どんな苦しみや苦難をも光に変えてくれるといわれています。

同じ人でも、救いを求めるときに合わせて入っている薬は違うため、薬師如来様はいつどんなときでも救いを差し伸べてくれるといえます。

しかし、病気が治ったとしても、人が死ななくなるわけではありません。

では、薬師如来様の本当の狙いはどこにあるのでしょうか？

それは、人が生きることに感謝して、幸せになる方法を悟ることです。

あなたが生への感謝に気がつくために、薬師如来様は生の時間を延ばそうとしてくださるのです。

かつて、有名な物理学者であるアルベルト・アインシュタインはこう言いました。

「私は日々、自分の内外両面の生活が、現在や過去の人々の功績や努力のおかげであることを忘れたことはありません」

科学も生活も、過去のたくさんの人々の功績と努力の上に発展を遂げているのですね。あなたが生きてここにいることは、こうした土台の上に成り立っているのです。

あらゆることへの「感謝」の気持ちや「信じる」気持ちを忘れてしまったことで、心が迷ったり、軸を失ってしまったと感じるとき、薬師如来様に手を合わせてみましょう。

あなた自身や神様仏様の本来の姿が見えてくるはずです。

「奇跡」を授けてくださる大日如来様

あなたの魂をもっと磨き上げて、魂のレベルアップをしたいときには、大日如来様にお頼りをしてみましょう。あの世とのつながりが太くなり、奇跡だらけの毎日を送るための第一歩となります。

大日如来様は太陽を司る毘盧舎那《びるしゃな》如来が進化した仏様で、宇宙の真理であり、宇宙そのもの。すべての願いを叶えてくださいます。

すべての命あるものは大日如来様から生まれたとされ、ありとあらゆる神様仏様も大日如来様の化身だと考えられています。

大日如来様の光は太陽の光とは比べものにならないほど大きく、この世のすべてのものを優しく照らし、智恵を授けてくれます。

密教において、大日如来様は「金剛界《こんごうかい》大日如来」と「胎蔵界《たいぞうかい》大日如来」で役割の違いがあります。金剛界大日如来は仏（成仏）の悟りを得るための智恵を象徴します。胎蔵界大日如来は無限の慈悲を象徴し、母胎に子があるのと同じように、宇宙の一切の存在や現象は大日如来様の中に包まれています。

この本では、このような2つの大日如来様が1つになった、金胎両部の大日如来様に奇跡をお頼みします。

大日如来様にお頼りすることで、あなたがどうしてこの世に生を受けたのか、あなたの使命は何なのか、といったことへのヒントが授けられるようになるでしょう。

あなた自身も神様仏様の分身となって、奇跡を受け取るだけでなく、あなた自身も奇跡を起こし、身の回りの人やこの世、ひいてはあの世にまでも幸福をもたらすことができるようになっていきますよ。

奇跡を見つける「〜せいで」→「おかげさま」変換

私のお寺、明王寺があるのは伊勢神宮のそば。伊勢神宮には「おかげ横丁」という通りがあります。

伊勢は神様の街で、伊勢神宮の天照大神《あまてらすおおみかみ》をはじめ、土地には土地の神様、台所には火の神様、川には水の神様がいる、といった信心が根付いていることもあり、あちこちであの世のお力を感じることができるためか、「おかげさま」という言葉がよく使われます。

「おかげさま」は、私が考えるに「ありがとう」に匹敵する最強の魔法の言葉。

なぜなら、「おかげさま」は奇跡を見つけることのできる言葉だからです。

あの世のお力をお借りしていると、どこにいても、伊勢の街のようにありとあらゆる場所に「おかげさま」と思えるような、奇跡を見つけることができるようになります。

なかなか奇跡を見つけることができない、という人は、ぜひ「おかげさま」という言葉を意識してほしいと思います。

「おかげさまで」という言葉を使っているだけで、あちこちに奇跡が見えてくるようになりますよ。

しかも驚くことに、「おかげさま」は、現在も未来もプラスに変えることができる、本当にすごい言葉なのです。

例えば、転んで怪我をしてしまったとき、「神様のおかげさまでこの程度で済んだ」と考えるのと「～のせいでひどい目にあった」と考えるのとでは、現在だけではなく、その先につながる未来も変わってくると思いませんか？

最初は無理にでもいいですから、少しでもよいことが起こったら、「神様のおかげさま」だと思ってみましょう。そして、悪いことが起こっても「神様に守られているおかげさまで、これだけで済んだ」と捉えてみてほしいのです。

練習だと思って、ありとあらゆる物事、全部の出来事に対して、この「おかげさま」を一言付け加えることをやってみましょう。

意識や行動が前向きになるので、自ずと未来の結果もよいものになっていくはずです。

さらに「おかげさま」は、過去も変えることができる言葉です。

例えば実家が貧乏だったという場合、何かが起きるたびに「貧乏だったせいで」と思ってしまうこともあるかもしれませんね。

でも、その過去について「貧乏だったおかげさま」と意識を変えてみたらどうでしょう？

例えば、「貧乏だったおかげさまで、大学には行けなかったが多彩な人生経験を積むことができた」「貧乏だったおかげさまで、お金を稼ぐ方法を自分で研究し成功できた」と設定してみると、苦痛だった過去の境遇もよいものに変換されていきますよね。

逆に要注意なのが、「〜せいで」という言葉です。

「おかげさまで」の逆で、この言葉は過去も現在も未来もマイナスに変えてしまうので、口癖になっていたら、意識してやめてみてください。

「〜せいで」という言葉を使っていると、よいことが起こったら「当たり前」、悪いことが起こったら「ひどい目にあった！」としか捉えませんから、過去にマイナスの原因があると思い込み、生き方が後ろ向きになってしまうのです。

テレビやインターネットで流れてくる事件のニュースを見ると、その犯人たちはきっと「～せいで」の考えが積み重なった末にどんどんマイナスの思考にとらわれ、その隙を悪魔に狙われたために魔が差して、罪を犯してしまったのだろうな、と推測できることがよくあります。

「毒親のもとで育ったせいで」「容姿が悪かったせいで」「才能がなかったせいで」……などの考え方のことです。

でも、その境遇を「おかげさま」に変えていくことで、未来は必ず明るいものになります。

そして不利な境遇にあった人ほど、その境遇を「～せいで」から「おかげさま」に変えることで、大きな幸せをつかむことができる、と覚えておいてくださいね。

よいことも悪いことも「おかげさま」に変換して、現在も過去も未来も、明るいものに変えてしまいましょう。

この世に「難」があるワケ

そもそも、どうしてこの世とあの世は分かれているのでしょう？

ここまで読み進めてくださったあなたは、もしかしたらそんな疑問を抱くかもしれませんね。

あの世とこの世の一番の違いは、あの世は〝エネルギー〟でできていて、この世は〝物質〟でできているという点です。

例えば、あの世にいる神様はエネルギーなのですが、この世にいる私たち人間は「肉体」という物質を持っています。

今、私たちがいるこの世は、思い通りにならないことばかりですよね。仏教でも「四苦八苦」という言葉があるように、この世は悩み、苦しみがあって当然の世界だといわれているくらいです。

時間が経てばお腹はすき、身体に痛みを感じることもあれば、病気になる可能性もあり、いつ死んでもおかしくありません。

誰かとぶつかったり、喧嘩《けんか》したり、価値観の違いを感じたりすることで、マイナスの気分になることもあります。

この世が思い通りにならず、悩みが生じるのは、肉体としての身体があるからです。

さらに、悩んだときは身体の一部である脳で考えますが、人間の脳などこれまで生きてきた数十年の知識と知恵の蓄積しかありませんから、答えなんて見つからないことがほとんど。悩みを解決するのは難しいでしょう。

人間の身体の中には心が、さらにその中には魂があり、3段階で構成されています。心は肉体と魂をつなぐ存在だとお話をしました。

あの世の神様は、身体がなく、エネルギーだけの存在です。

人間の身体が死んであの世に行くと、成仏して魂だけになりますが、魂も神様と同じエネルギーでできています。

魂があの世に行くと、身体に縛られていたいろいろな不自由から解放され、悩みや迷いはなくなります。

そして、魂の状態になれば時間も永遠です。数十年の知識や経験しか記憶できない脳ではなく、永遠を生きて膨大な量の知識や経験を記憶している魂で生きられるので、少々のことでは迷わなくなるのです。

それにしても、なぜわざわざ私たちは身体を得て、この世でさまざまな痛みや病気、嫌な出来事などのトラブル＝「難」を経験しなければいけないのでしょうか。

それはズバリ、もっとたくさんの幸せを生み出すためです。

難がない＝無難なあの世は、悩みも迷いもなく、幸せであることが当たり前の世界です。

つまり、あの世では、もうこれ以上の幸せを生み出すことはできない、ともいえます。

幸せをこれ以上に増やせるのは、この世だけ。

この世だからこそ生じる数々の「難」は、実は幸せを生み出すスイッチになります。

だから、私たちは不自由な身体をわざわざ得て、この世に生まれてくるのです。

「ありがとう」という言葉には「有り難い」という意味が込められていますね。難が有るから「有り難い」ものだと捉えて、そこから学ぼうと意識を変えた人は、さまざまなことに対して「ありがとう」と言えるようになります。そして、辛かったことも「おかげさま」に変えて、幸せを生み出すことができるようになるのです。

「ありがとう」の反対は「当たり前」ですね。難がない無難なことを当たり前だと思って、難にあったときに「〜せいで」とマイナスに捉えている人は、幸せを生み出すことはできません。

だから難に出会ったときこそ「幸せを生み出すチャンスだ！」と思い直して、辛かったことも「おかげさま」に変えていきましょう。

クヨクヨ悩んだり、落ち込んだりしている場合ではありませんよ。

かといって、1人だけで対処しようとしなくても大丈夫です。

あの世がちゃんとサポートしてくれますからね。

あの世とこの世を行き来できるのは、生きている間だけ

私たちはこの世にいながらにして、あの世とつながることができます。

合掌して、身体があることを一度忘れ、魂に意識を向けることで、あの世とこの世をつなげることができるのですね。

そうしてあの世とこの世を行き来できるのは、生きている今のうちだけなんです。

死んでしまったら身体を失うので、この世には戻ってこられなくなります。

仏教には「六道輪廻《ろくどうりんね》」という言葉があります。

これは、人はいわゆる極楽である「天界」、悩みに四苦八苦する「人間界」、怒りや欲望を抑えられない「修羅」、殺傷や弱肉強食を繰り返す「畜生」、嫉妬や欲望に満ちた「餓鬼」、あらゆる苦しみを受ける「地獄」という6つの世界を、輪廻転生《てんしょう》しながら経験していくことを表しています。

でも私は、生きている人は1日のうちでも地獄に行くことも極楽に行くこともできる、まさに生きながら「六道輪廻」をしていると考えています。

今、あなたがとてもマイナスな気分になっていたとしても、面白いお笑い番組を見たら、一瞬にして笑顔になれるでしょう。

死ぬほどお腹がすいても、3分もあればラーメンなどでお腹いっぱいになれるわけですよね。

どんなにマイナスな出来事が起きても巻き返しが利くのが、生きている私たちなのです。

でも、例えばお腹がすいたまま死んでしまったら、死後の身体を失った世界ではもう食べられないので、お腹がすいた気持ちを抱えたままになってしまいますよね。

その結果どうなるかというと、「お腹がすいた」という未練を抱えたまま成仏できず、幽霊となって、さまよい続けるしかなくなるのです（詳しいことを知りたい方は、「コラム1」（P．74）で説明させていただいていますので、あわせてお読みくださいね）。

自分の心の持ち方ひとつで、オセロをひっくり返すように人生をプラスにもマイナスにも変えられるのは、生きている人だけの特権です。

そして、死んでしまった人を救うことができるのも、生きている人だけが持てる能力です。

例えばお腹がすいたまま死んでしまった人に対して、あなたがお供物をして合掌したりして供養してあげることで、あの世にいる相手に幸せを送り、満たしてあげることができるのです。

変化のないあの世に対して、このように新しいギフトを送ることができるのは、この世の人だけなのです。


この人生も、死んだ後のあり方も、生きている今にかかっています。

あの世につながれば幸せになれる、と理解し行動した瞬間から、人生は変えられるのです。

タイムリミットは生きている間だけ。

そう考えると、悩んでいる時間なんてもったいないと思いませんか?

楽しく幸せな気持ちで毎日を精一杯生き切り、悔いのない最期を迎えましょう。死んでしまった人の代わりに、生きている人が合掌して、供養してあげましょう。

そのための方法を、これからお伝えしていきますね。

コラム1

パワーバランスが崩れるとやってくる「裏あの世」にご用心

私は普段、地域に根付く駆け込み寺の住職として、多くの方のご相談に乗っていますが、同時に鬼や悪霊、悪魔といった存在を退ける「退魔祈禱師」でもあります。ですから実際に彼らを観ることもありますし、必要に応じてコンタクトをとることもあります。彼らは「裏あの世」に存在しています。

「裏あの世」とは私が作った言葉で、あの世のマイナスの側面のことをいいます。あの世は天国、神様、仏様、ご先祖様などプラスの側面がある一方で、地獄や悪魔などマイナスの側面もあるんですね。

人は、身体と心と魂の3段階で構成されていて、心は身体と魂をつなぐものである、ということは先ほどもお話ししましたよね。

心には、顕在意識として自分で気づける感情の部分と、潜在意識として自分では気づけない固定概念や価値観の部分に分かれています。

私たちはあの世とつながれる一方で、「裏あの世」ともつながれてしまう立ち位置にいるのです。人が裏あの世につながってしまうと、鬼、幽霊、悪霊、悪魔などのマイナスエネルギーの力が働いて、心身が病んだり、よくないことが引き起こされたりするのです。

「裏あの世」とつながるきっかけは日常のいろんなところにあって、誰でもうっかりつながってしまうリスクはありますから、よく注意することが大切です。

ここのところ、裏あの世につながり、悪魔に憑《つ》かれてしまった人を見ることが増えてきています。

そして、それが社会によくない影響を与えています。例えば最近ニュースでよく目にする「人でなし」の事件や事故などもその1つといえますね。

私が最近、YouTubeでの発信やイベントを強化させているのは、そうした現状に危機感を覚えたからなのです。

番外編　裏あの世とは

私たちは、
身体、心、魂を通じてあの世のお力をお借りしていますが、
身体、心、魂を貪《むさぼ》るのが、裏あの世の住民です。

幽霊

疲れた人やネガティブな感情を抱いた人に
憑依《ひょうい》して、身体に不調を抱かせます。

悪霊

信じる心を失った人に憑依して精神状態を不安定にさせ、心ない発言をさせたり、トラウマを刺激したりします。

悪魔

魂が弱った人を狙います。憑かれると、“魔が差した”と呼ばれるような行動をしてしまったり、“人でなし”と呼ばれる事件を起こすことも。

裏あの世にいる存在について説明しましょう。

古来、日本では幽霊、悪霊、悪魔などマイナスのエネルギーを持つ見えない存在のことを「鬼」と表現してきました。

アニメや昔話に出てくる鬼の中には強い鬼や弱い鬼がいますね。

実際の鬼にも段階があります。鬼の初期段階は幽霊です。そして幽霊レベルの鬼同士がくっつくと悪霊レベルの鬼になり、悪霊同士が集合意識化してさらに強力になると悪魔レベルの鬼になっていきます。

では、幽霊や悪霊、悪魔は人間にどう作用するのでしょうか。

人間は死ぬと身体を失い、魂だけの存在になることで「あの世」に渡ることになり、これを「成仏」といいます。このときに心が苦しみや怒りなどマイナスの感情にとらわれたまま死んでしまうと、「心残り」となり、成仏できずにこの世にさまようことになります。それが幽霊という存在です。

幽霊は、マイナスの感情を持った人の身体に憑依します。

例えば友達がいなくて寂しいまま亡くなった幽霊は友達がいなくて寂しい人に憑依しますし、怒りの感情を持ったまま亡くなった幽霊は怒りの感情を持っている人に憑依して、身体にダメージを与えます。**だから幽霊に憑依された人は、身体が重くなるなど不調を感じることになります。**

そして、そうした幽霊がさまよい続け、怒り、不安、苦しみなど、さまざまなマイナス感情を抱えた幽霊同士が集合意識化すると、今度は「悪霊」レベルの鬼になってしまいます。

「悪霊」は人間の心に憑依します。

憑依された人は、本来自分で意識できる感情をコントロールできなくなって「心ない」発言をしたり、潜在意識に隠されたトラウマなどの心の傷を刺激されたりして、やがて精神状態がおかしくなってしまうケースもあります。

日頃から自分の心を見つめる習慣がある人なら、この時点で自分がおかしいことに気づくので、早めに対処することでなんとか自分を取り戻すことができます。だから、自分の心と向き合うことは、とても大事なんですよ。

ここでうまく対処できず、悪霊同士が集合意識化してしまうと、今度は「悪魔」レベルの鬼と化します。

悪魔は人の心の奥の「魂」までをも蝕んでしまうので、自分ではもう気がつくことができず、どうにも対処できなくなります。

残酷な暴力や殺人など凶悪な事件を引き起こしてしまった人はよく「魔が差した」という証言をしますよね。これは魂に憑かれている間は人でなくなっているから、「人でなし」といわれるような事件を起こしているわけなのです。

昔の日本では、こうした心の鬼を祓《はら》うために大晦日《おおみそか》や節分に行う、追儺式《ついなしき》という儀式がありました。今、節分で「鬼は外！」と豆を撒《ま》くのはその名残。昔から日本人は、自分の心の中の鬼を定期的に祓う必要があることを知っていたのですね。

気持ちの面でも、日頃から自分の心の中の鬼に気づいたら、祓っていく習慣をつけること。そうして自分の鬼を祓いながら前向きに毎日を過ごすとともに、周りの人のことも元気にしてあげられたらいいですよね。


元気という言葉は「減鬼」とも書くことができます。

「鬼を減らす」という言霊《ことだま》のエネルギーがあるこの言葉を使って、「お元気ですか」「元気出して」と気遣ってあげることで、相手の鬼を減らしてあげることにつながるのです。

あなたが思いやりを持って接していたら、相手の心の鬼を減らしてあげることができます。すると相手もまた、周りの人の心の鬼を減らしてあげようと思えるでしょう。そういう思いやりの連鎖が、ひどい事件をなくしていくことにつながっていくと思います。

また、亡くなった人が幽霊や悪霊になってしまわないようにするために、生きてこの世にいる人間が供養し、救うことも大切です。

今は誰もが忙しくて心に余裕がなくなり、人々は神様やご先祖様の存在を忘れ、信心も信仰心も忘れてしまったように思います。

その結果、今のこの世には供養されていない人の想いや未練が増え続け、たくさんの幽霊となってさまよい、それらが集合意識化した悪霊も増えました。

さらには、忙しすぎて心に余裕がなくなった人に悪霊が憑依して今度は悪魔と化し、凶悪な事件や自殺する若者などを増やしてしまったように思います。

私たち一人ひとりが意識を変えることで、幽霊や悪霊、悪魔の出現をなくし、この世を安穏で平和にすることができます。

それが生きている方の務めだと考え、私はYouTubeやイベントを通じて、具体的な方法をお伝えしているのです。

第2章

身体でお力お借りしてこの世の悩みを解消！

時間の悩みは身体の悩み

あの世のお力と身体、心、魂の関係についてお話をさせていただきました。心と魂には時間はなく、時間は物質世界にある身体にしかないものです。

不快感や痛み、疲れや不調、喜怒哀楽や感情の苛立ち……などは身体や五感があるために生じるものですね。

ですから、現在、過去、未来の時間に生じる悩みは、身体を癒すことで解消していきましょう。

第2章以降は、私がいただいた具体的な悩みのご相談を、説法の形でご紹介させていただこうと思います。より実際の説法の様子に近いように、普段の私に近い、語りかける口調で書かせていただきます。

次の一手がわからない、「現在」の悩み

悩み、苦しんでいるときは、「どうしたらいいのかわからない」「次に何をしたらいいのかわからない」と立ち止まってしまうことがありますよね。

そのようなときはまず、「現在」の苦しみを解消しましょう。

苦しくて悩んでいるという場合、その原因の本質は過去への執着や未来への不安に根付いているものがあります。その見極めは難しいところですが、最初から原因がわかることはめったにありません。

ですから最初はとにかく、「原因の本質はわからないけれど、今、とにかく苦しい」という悩みを解消して、一歩踏み出し、アクションできるようになることを目指しましょう。

孤独は私たちには向いていない

●35歳・女性・あきこさんのお悩み

「もともとグループ行動が苦手な私は『おひとりさま』や『ひとり暮らし』を楽しむ本や映画やドラマも好きだったし、1人の生き方が自分には合っていると思っていました。

そこで、結婚願望を持つのはやめ、自分1人で暮らしていくためのお金の設計をし始めました。面倒に思っていた友達付き合いもやめ、旅行や外食も1人で行くようになりましたが、出先でグループや家族連れを見ると、正直だんだん、孤独を感じることも。この先も1人で生きていこうと決めたのに、気持ちが揺らいでしまいそうです」

ここのところ「おひとりさま」や「ソロ活」などの言葉が流行し、1人カラオケや1人焼肉の専門店もできるなど、1人で行動する人が増えていますね。特に東京の街はおひとりさま向けにどんどんカスタマイズされているように思います。自分の思い通りにお金が使えて、マイペースで過ごせると気楽な半面、やはり寂しさを感じることもありますよね。

まずお伝えしたいことは、1人で行動できるように自立するのはよいことだということ。自分の気持ちに素直になったとき、結婚もしたくなければ別にしなくていいと思います。

だけど、人との関わりを避けていると、やっぱり孤独だし、寂しい思いを抱えることもありますよね。

「どうせ死んだら何もかも終わりだから、ずっと1人でいい」と思う人もいるかもしれません。でもね、実はそうではないんです。

1人で死んだとしても、その後、遺体を処理してくれて、火葬してくれて、供養してくれる人がいますよね。

人間誰しも、1人で死ぬことはできませんよ。

もしずっと1人で寂しい思いをしながら生きることになれば、最期に「この人生、面白くなかったわー」と思いながら死ぬかもしれません。

そうすると、心残りを抱いて成仏できずに幽霊になって、永遠に寂しい気持ちでこの世をさまようことになるかもしれません。

だから私は「おひとりさま」「自己責任で生きていこう」という風潮のあるこの時代に、あえてもっと人と絡んでいくことをお勧めしたいと思うのです。

あの世のお力をお借りして、孤独の辛さを解消する方法をお伝えします。

第1章で、得意分野を持った5人の仏様をご紹介しましたね。その、不動明王様のお力を借りてみるとよいと思いますよ。

不動明王様は右手に剣を持っているでしょう。

そのお姿をイメージしてみてくださいね。

1．身体の周りを孤独の鎖が取り巻いているイメージを持ってみよう。
2．手を合わせて不動明王様を心の中でお呼びし、「不動明王様の剣で私を縛る孤独の鎖を切ってください」とお頼みしよう。
3．不動明王様が剣を動かして鎖を断ち切ってくれるのをイメージしよう。鎖は不動明王様が回収し、あの世に持ち去ってくれるのでもう大丈夫。不動明王様に「ありがとう」とお礼を言おう。

次は自分を支えてくれている存在を思い出してみます。

誰にでもご先祖様がいて、10代遡《さかのぼ》れば1000人以上の人が関わっていることになるでしょう。

つまりこれは、もう生まれた時点であなたは1人じゃないということなんです。

ご先祖様については第3章でも詳しく触れますが、彼らはあの世からあなたを応援してくれていますよ。

あなたはたくさんの人との関わり合いがあったから、今ここに存在できています。例えば、嫌なところもあったかもしれないけど育ててくれた親や保護者がいるでしょう。家事をしてくれたり、仕事をしてお金をもたらしてくれたりする家族、話が通じないこともあるけど近くにいてくれる友達がいるでしょう。

普段歩いている道だって誰かが作ってくれたものですね。道を安全に渡れるのも誰かが信号機を設置してくれたおかげ。コンビニで買い物をするにも、そこにある商品を作ってくれた人、包装してくれた人、届けてくれた人、レジで会計してくれる人がいるのですから。

みんなそれぞれがつながり合って、今の世界が成り立っているんです。

あなたも存在しているだけでその世界の一員です。

「存在しているだけで何をしているわけでもない」と言う人もいるかもしれませんが、あなたの周りにいる人は、あなたがいなくなったらきっと悲しみます。

繰り返しになるけれど、あなたはそもそも1人じゃないわけですから。

そもそも、私たちは1人で生きるのに向いていないように思います。

戦後まではどこの家も、1つ屋根の下で3世代、4世代が当たり前のように一緒に暮らす大家族でした。地域の人同士もみんな和気藹々《あいあい》とつながっていましたね。

だから家族を守ろう、身内を守ろう、友達を守ろう、という意識が強く、それが戦争の際には「お国を守ろう」「仲間のためなら死ねる」という姿勢にまで発展したんですね。

もちろんこの姿勢を肯定する意図はありませんし、戦争はいけない。でも、個よりも集団を大事にする国民性があったということだと思うんです。

第二次世界大戦のとき、日本は世界から恐れられた。「なんで国のために死ねるんだ」「なんで喧嘩をしに来て、生きて帰ろうと思わないのか」と。

でも敗戦後は、日本人の精神性のもととなっていた大家族をやめて核家族化した経緯がありますよね。

核家族化して一家が分散化したら、調理器具でも電化製品でも家庭ごとに必要になりましたから、ものがどんどん売れました。

もちろんそのおかげで日本の経済は大きく成長できたわけです。

でも、その代わりに失ってしまったものを、私たちは見て見ないふりしてきたとも感じるんです。

今一度振り返ってみて、落としてきたものを検証してもいいと思うのです。

では、人とつながり、助け合える関係になるためにはどうすればいいか。

そのお話を次に紹介しますね。

人を信じるためには「言う」ことから

●32歳・女性・みきさんのお悩み

「職場の同僚とランチでおしゃべりするのはそれなりに楽しいし、友達とも雑談はできるけれど、心の深いところまで話し合える人がいません。自分を本当に理解してくれる人がいないので、困ったことがあっても誰にも相談できず寂しいです」


周りに人がたくさんいても、孤独を感じている人は多いですよね。

今の世の中、人と人との縁が薄くなりやすい環境が整っていると思います。

物理的には1人じゃないとしても、心と心のつながりが持てないと、人はやっぱり満たされないものね。

昔は職場でも先輩が手厚く面倒を見てくれて、仕事終わりには後輩を飲みに連れていってくれたり、悩みを聞いたりするということが今よりも頻繁にありました。

もちろんそれを負担に感じていた人もいるでしょう。けれど、つながりができていたから、愛情を込めて叱られたときには有り難いアドバイスだと思って素直に受け入れやすかったのではないかと思います。

でも今はみんな忙しすぎて、先輩にも余裕がないから、後輩とも表面上、業務上の付き合いしかできない。信頼関係が薄くなったから、先輩に叱られたりしたらすぐ「パワハラだ！」ってことになっちゃうのではないでしょうか。

核家族化も原因だと思います。昔はおじいちゃんやおばあちゃんを含め、各世代が一緒に住んでいたので、家族みんなで助け合うことができました。

近所付き合いも盛んでしたから、子どもを預け合ったり、会えば「うちでお茶飲んでいったら」なんて誘い合ったりすることもありましたね。

困ったことがあれば誰かしらに助けてもらえたので、そもそも1人で悩んだり、頑張ったりしなくてもよかったんです。

今はものや情報があふれて、連絡も一瞬でできて便利になった一方で、やることが増えて余裕がなく、忙しくなってしまっていると思うんです。「忙」という漢字を分解すると「心」を「亡《な》」くすと書きますね。人が心を亡くし、人と人とが心を通わせる機会もなくなると、「心ない」発言も増えていきます。孤独とストレスを抱えて当然です。

では、心を通い合わせられる友達ができるためにはどうしたらよいか。

人を信じることに意識を向けてみましょう。

「信」という漢字を分解すると、「人」と「言」になります。つまり人に言う、もしくは言える人になるという意味があります。

思っていることを言わない、言えないというのは、人に対して本心を見せないということ。そういう人は人を信じていないから、人からも信じてもらえなくなってしまうんです。

ご縁というのは、黙っていては生じないものです。

焼肉が食べたいときに、思うだけだと叶わないですね。そこで「焼肉食べたい」と言ってみると、美味しい焼肉屋の情報がもらえたり、「じゃあ連れていってあげようか」という人が現れたりします。欲しいものを言わないままでいるより、言ったほうがご縁をもらえるもの。

だから言ったほうが得なんです。

もしかしたら、自分の本心を人に言えない理由はその人の中にあるのかもしれません。本心を言って騙されたり、人から悪いように利用されたりした記憶があると、なかなか人を信じることは難しいですよね。

もし、過去のことが原因なのだとしたら、この後にお話しする「過去の執着」を解き放ってくださる阿弥陀如来様のお力を借りてみてください。

とにかくまずは、自分の感情や考えを言えるようになりましょう。

そのためには「感情は五感に、考えは脳に聞いてみな」です。どれもあなたの身体にヒントがあると考えてみてください。

例えば、嫌いなものを目にすると心臓がバクバクしたり、急に体温が下がったり、呼吸しにくくなったりしますね。反対に、好きなものを目にするとなんだか身体が温かくなったり、リラックスできたりしませんか?

感情は目に見えないので扱いが難しいと思いがちですが、ちゃんと身体に紐《ひも》づいているものなので、身体に聞いてみると把握しやすいんです。

そしてあなたの考え方のクセは脳が知っていますね。だから、一回洗いざらい全部書き出してみるといいですよ。たくさんのことがわかります。

つまり、「心から話し合える友達が欲しい」と思ったときは、そう口に出して言ってみましょう。言ったほうが情報や人が集まってきます。

言葉で言うのが恥ずかしいなら、行動してみましょう。

例えば友達がいっぱいいる人の話を聞くと、ヒントがいっぱいもらえると思います。信頼できそうな人や、気が合いそうな人のイベントやオンラインサロンなどに参加してみるのでもいい。

私のお寺に来てくれれば私が友達になりますよ（笑）。

ちなみに「恋人が欲しい」「仕事を変えたい」というときも一緒です。

まず口に出したり、行動したりしてみることをお勧めします。

すると紹介してもらえたり、役立つ情報をもらえたりしますよ。

そうして信頼できそうな人が見つかったら、まず自

分から腹を割って、話をしてみるといいと思います。

今の世の中、みんな本音を話さなくなって、自分の内面を晒《さら》すのは恥ずかしいと思っているかもしれませんが、そのままでは、心と心が通じ合えなくなるばかりです。まずは自分の話をして、相手のアドバイスを聞いてみたらいろいろなことがわかると思いますよ。

もちろん、伝えても、相手に気持ちを全然わかってもらえない可能性もあります。でもそうやって自分から腹を割って話をしてみないと、心と心を通じ合わせる方法なんて学べません。

わかってもらえるかどうかはわからない。けど、話してみないとわかってもらえないのですから。

関わる前から「あの人とは気が合わなさそう」などと相手を判断してしまって、深く関われないという人も多いですね。

仏教でいう四苦八苦の中には、「五蘊盛苦《ごうんじょうく》」というものがあります。これは、「人はそれぞれ違ったものの見方、感じ方、考え方をする。だから最初はわかり合えない苦しみがあって当たり前」ということをいっています。

花にたとえると、赤い花がある、青い花がある、ただそれだけなんだよね。

それを、「赤い花とは気が合わない」「青い花の気持ちがわからない」と感情的になるからストレスが生じるわけです。

「みんな違って当たり前」という前提でいれば、どんな人とでも関わろうと思えるのではないでしょうか。相手によって話をわかりやすく伝える方法も、笑ってくれるツボも違うから、失敗もするかもしれません。でもそれを繰り返しながらいろんな人と関わってみることで、コミュニケーションが学べます。話が合う人はきっと見つかります。

そのうちどういうタイプの人はどう接すればいいかというポイントがわかるようになって、誰とも楽に付き合えるようになれますよ。

マイナス感情は「気づいて！」のアラーム

●25歳・男性・としきさんのお悩み

「職場にどうしても意見が合わず、いつも言い合いになってしまう同僚がいます。『接客に心がこもっていない』『道具の扱い方が雑』などカチンとくることも言われて、毎日顔を合わせるのに気が重いです」

学生時代は嫌いな人のことはただ避けていれば済んだけれど、社会に出ると、仕事やご近所、親戚付き合いなど、多くの人と関わっていく必要があります。

中には「この人、苦手だな」と感じたり「顔を見るのも嫌」と思ってしまったりするような相手と出会うこともあるでしょう。

苦手な人、嫌いな人がいるときは、その相手のことを悪いと思ってしまいがちですね。でも、実は、自分の問題なんです。

つまり、自分がその人をうまく理解していないだけのことなんですね。

例えば、相手に対して自分が言いたいことを言えなかったり、相手が言っていることの意味がわからなかったりして、相手をうまく理解していないと、コミュニケーションがスムーズに取れないわけです。

それを苦手とか嫌いとかいう言葉でくくって、感情で判断するから辛くなるんです。

まずは相手に対して感じる嫌悪や怒りなどのマイナス感情を、自分で認めてあげましょう。

そのための方法をお伝えします。ここでは、不動明王様にお頼りしてみましょう。悪い感情を焼き尽くしてくださるよう、手を差し伸べてくださいますよ。

1. 白い紙を用意し、相手の名前と、その人に対して抱いている感情を書き出そう。
2. 「不動明王様、私のマイナス感情を燃やし尽くしてください」とお頼みしよう。
3. 不動明王様を包む炎でその紙を燃やし尽くしてもらうイメージを持ちながら、紙をビリビリに破いてしまおう。
4. 怒りやモヤモヤから解放されスッキリした気分に満たされているのを感じたら、不動明王様に「ありがとう」と言い、笑顔を作ろう。紙はゴミ箱に捨ててね。

ちなみに、相手に対してマイナス感情が湧くこと自体は悪くない自然なこと。ですから、罪悪感は持たなくてOKです。

マイナス感情というのは、「あなたがそれを感じる出来事から、何か学ぶことがありますよ！」という

あの世からのアラームなのですから。

だからアラームを解除して、とりあえず感情を鎮めたら、今度は不動明王様に対して、今後自分がどうしたいかを心の中で話してみましょう。

心の底からどうしてもその相手が嫌で辛いなら、仕事を辞めるなり、部署を変えてもらうなりして縁を切ればいいわけです。でも、それが難しくて今後も付き合っていかなきゃいけないのであれば、工夫したほうがいいですよね。

ただし相手を変えることはできないので、自分が変われるように工夫することです。

例えば、自分が相手と言い争いにならないように穏やかに意見を通す話し方を研究する。相手に好感を持たれるような聞き方のテクニックを学ぶ。

そうやって工夫しようとしてみるといいんじゃないでしょうか。

相手とうまくコミュニケーションが取れるようになると、その相手のことを苦手だとか嫌いだとか意識しなくなるはずです。

苦手な人、嫌いな人がいるということは、苦手な人、嫌いな人に対処できない自分がいる、ということでもあります。

つまり、苦手な人、嫌いな人というのは、自分のコミュニケーション能力の低さを教えてくれているんです。その人はわざわざ自分のために悪役になって、自分が学ぶ必要があることを気づかせてくれている先生だともいえます。

そう考えると、とても有り難いご縁のある存在だよね（笑）。

その相手のことを自分だけでなく周囲のみんなが嫌っているとしても、それだけ嫌われている人にムカついている自分って滑稽《こっけい》だよね？

そのように、客観的に捉えることが大切ですよ。

ちなみに、人から言われてカチンとくることほど、自分にとってはよいヒントになるものです。

そこを、「自分は悪くない！」という感情で対処し

てしまうと、「あいつは嫌なことを言う」「パワハラだ」と相手に責任転嫁する思考になってしまうのです。

人間には誰しも育ってきた中で植え付けられた固定観念や先入観、価値観があります。それは心に染み付いているものです。

ときにはよからぬ言葉や行動になって現れてしまうものですが、それは無意識のものですから、自分ではなかなか気づけないことも多いでしょう。

でも、周りの人は客観的に気づいて指摘してくれるわけです。

だから、誰かに何かを指摘されてカチンときたときこそ、ただカチンときて終わらせるのではなく、素直に認めて改善することが大切です。

そうすることで、自分の心のことを一歩深く理解できるのです。自分の心をいっそう深く理解するためには、他者の助けが必要なのです。

心の「意志」と脳（身体）の「意思」を使い分ける

●31歳・男性・たかひろさんのお悩み

「仕事で忙しい部署に異動になり、分刻みのスケジュールに日々追われています。たまに休みがあっても何もする気が起きず、なんとなくYouTubeを見て終わり。趣味などでリフレッシュできればいいと思うのですが、趣味もなく、何をしたらいいかわかりません。どうしたら楽しく生きられるでしょうか」

社会生活を送っていると、周囲に合わせる中で「～がしたい」「～になりたい」などの自分の正直な気持ちに蓋をしてしまう場面はどうしてもありますよね。でも自分の気持ちを無視し続けていると、自分が何を好きで、どういうことがしたいのかわからなくなってしまいます。

何をしたいのかわからないというときは、忙しすぎて自分自身が見えなくなってしまっているのかもしれませんね。

忙しいという漢字を分解すると「心」を「亡くす」と書くといいましたが、日々、追われていると、忙しくなって心を失っていき、自分にとって大事なことや好きなことも忘れてしまうんです。

たかひろさんの場合、趣味がなくて「どうしたらいいか」と頭で考えるから辛いのだと思います。

脳に聞いても答えが出ないときは、もっと直感的に自分が「どうしたいか」を感じ取れるようになりましょう。

P.97では、自分の好きや嫌いの感情は「身体（五感）」に聞いてみな、ということをお伝えしましたね。

今度はもう少し踏み込んで、自分の「心」に聞いてみな、ということをお伝えします。

直感的に自分が感じることは「意志」といい、脳で考えることは「意思」といいます。誰にも「意志」がありますね。しかし、大体の人はそれを「意思」で押さえつけてしまうから苦しくなるんです。

つまり心の自由さを身体で押し込めているのです。

いつまでもそれを続けていると、自分の意志がわからなくなるどころか、精神が不安定になってしまうこともあります。

脳がまだ発達していない2歳児や3歳児で精神が不安定になったり、死にたいと思っている子はいませんね。それは意志に従っているからです。

幼い子どもは泣きたいときに泣いて、遊びたいときに遊ぶでしょう。それが大人になるにつれ、みんな脳で考えすぎるようになるんですね。

意志がわからなくなっている人は、頭を使いすぎているということを自覚して、頭を休める時間を持ちましょう。

そして、心の好き嫌いを聞くために、もっと五感を刺激することが大切です。

身体の中でも五感は脳よりもずっと心に近い部分だからね。

例えば視覚を通して、きれいな景色や花を見る。聴覚を通して好きな音楽や、よい言霊、自然の音などを聴く。嗅覚を通して、アロマや森の香りなどよい香りを嗅ぐ。味覚を通して美味しいもの、自分の好きな食べ物を味わう。触覚を通して、お風呂に浸かってリラックスしてみる。ペットを撫《な》でて癒されるなど。五感で感じる時間を過ごすと、頭が自然と休まり、だんだんと自分の感覚を取り戻していくことができますよ。

こうしてたびたび頭を休める時間を持つようにすると、だんだんと直感力が高まり、自分の意志が見えてくるようになります。

自分の意志がわかってきたら、それに従うために意思を使っていけばいいのです。この段階になってから頭を使うわけです。

例えば、「太るのは嫌」、でも「ケーキが食べたい」という意志があるなら、太らずにケーキを食べるために考えたり調べたりしてみましょう。

すると、「太らないためには後で30分くらいジョギングすればカロリーが消費できるから平気」などと答えが見えてきますね。

意志の通りにケーキを食べても意思が工夫してくれるので大丈夫なんです。

そうすると満足もできて、カロリーや運動についての知識や知恵も得られて一石二鳥ですよね。

「仕事が忙しい」けれど「海外旅行に行きたい」という意志があるなら、休みを取る方法や、費用を捻出する方法を意思で考えたり調べたりしてみましょう。そうして旅行に行ければ満足しますし、休みを取るために上司を説得するテクニックや、旅行費用をうかす知識や知恵も得られますね。

意志を通すために、自分の頭だけで考えるのではなく、人に考えてもらうのもよいことです。

欲しいなら欲しい、食べたいなら食べたい、とシンプルに口に出して人に伝えてみれば、「使わないからあげるよ」「美味しい店を紹介するよ」と言ってもらえるかもしれません。

「自分の時間を優先すると仕事に支障が出る」と思って躊躇《ちゅうちょ》する人もいますが、長い目で見ればそちらのほうが人生に支障が出てしまうことになるから要注意。

自分が何を好きかわからないままで生きていても、幸せは感じられないですからね。

「我慢」は「自分を偉いと思い、他人を軽んじる心」

現代は誰もが忙しくて心に余裕がない状態だといいました。

そんな中で周囲に遠慮して、「どうせ聞いてもらえない」と言いたいことも言えず、ひたすら我慢してストレスを溜《た》め込んでしまう人も多いですよね。

●36歳・女性・ふみかさんのお悩み

「夫と3歳の子どもがいます。夫は仕事が忙しく、家事も育児も私に任せきり。休日も釣りに出掛けることが多く、子どもの面倒はほとんど私が見ていて辛いです。自分さえ我慢すればいいと思ってやってきましたが、ストレスではち切れそうです」

「我慢」という言葉は仏教用語で「自分を偉いと思い、他人を軽んじる心」を意味しているものです。

煩悩を7種に分け「七慢《しちまん》」と説いており、我慢はこの中の1つです。

我慢するからこそ見えてくるものもあるから、ときには我慢することも大切なんだけれど、我慢しすぎるのはよくないですよね。

いつも我慢する我慢グセがつくと、自分では気づかないところでも我慢してしまうようになり、知らないうちにストレスが溜まって、心や身体にも悪い影響が出てきてしまいます。

そうならないために、まずは我慢している自分を癒してあげましょう。

我慢する人は、自分が言いたいことや、やりたいことを抑えるために、頭を使っていると思います。

「家事が辛い」というのが言いたいことなのに、頭で考えて「自分が我慢すればいい」と思っているかもしれません。

でも頭は我慢するために使うのではなくて、言いたいことを言ったり、やりたいことをやったりするために使うといいんです。

家事の負担を減らしたいならそれを実現するために、頭を使いましょう。

夫に家事を手伝ってほしいと伝えたいなら、上手に伝えるために頭を使えばいいんです。

「最近ちょっと疲れちゃったから、今週の日曜日は子どもを公園に連れていってもらえないかな」と角を立てないように言ってみるなど、工夫できます。

ただ頭ごなしに「もう我慢できない！　家事やってよ！」「釣りなんて行かずに子どもの面倒見なさいよ！」なんて言ったって夫は反発するだろうから、言い方に工夫する必要があるんですよね。

でも、頭を使って角を立てないように頼んでみても、最初のうちは反発されたり、失敗したりするかもしれません。

そうしたらまたやり方を変えてみるといいのです。「お義母《かあ》さんに子どもたちを預かってくれるように頼んでみてくれないかな」と頼むなど、さらにアイデアを考えつくでしょう。

頭を使って試行錯誤を繰り返しているうちに、状況を変えることができるようになっていきますし、自分のコミュニケーションスキルも上がっていきます。すると夫以外の人との人間関係もスムーズにいくようになって、人生だいぶ楽になるでしょう。

そもそも「自分さえ我慢すればいい」「我慢する自分は優しい」と思っている人は多いけど、それは間違いなんです。

お母さんが我慢してストレスいっぱいになってしまったら、夫に当たり散らすことになってしまうでしょう。また、子どもにも笑顔で接することができなくなってしまって、かえって悪影響を与えることにもなりかねません。

周りに当たり散らすことができないと、自分が心や身体の病気になってしまう可能性だってあります。

結果的にそちらのほうが周囲に迷惑をかけることになってしまうんです。

人の顔色をうかがって、言いたいことも言わず我慢しすぎてしまう人は、一見優しいようでいて、その裏側には「相手から悪く思われたくない」「相手に言ってもしょうがない」という気持ちがあるはず。


つまりは相手を信用できないと思っているんだよね。


本当に優しい人は、我慢しすぎることはありません。相手を信用しているから、自分が言いたいことを伝えることができるんです。

ちなみに同じようなケースで、家族のためにと我慢しながら仕事をして、苦しんでいるお父さんもいますよね。

この場合も同じで、そのまま仕事を続ければ、ストレスで家族に当たり散らしてしまったり、病気になったりして、家族にかえって迷惑をかけてしまう恐れもあるわけですよね。

その仕事を続ければ今まで通りの給料はもらえるかもしれないけど、イライラして衝動買いや暴飲暴食をしてしまうなど、かえってお金も減ってしまったりすることにもなりかねない。

友達とも疎遠になってしまって、人生寂しいものになってしまうかもしれません。


「家族のために仕事は辞められない」という思い込みを外して、「もっと楽に働きたい」と願いながら過ごしてみると、家族や友達との会話や、テレビで知った情報、子育てする中で気づいたことなど……自分の本心に気づくためのヒントがあちこちに現れてきますよ。

そうして自分の意志が見えてきたら、それを実現するために、頭を使っていきましょうね。

1回ぽっきりの人生。

自分が活き活きできる毎日を送れるようにしていきましょう。そうやって自分の心が満たされてこそ、本当に家族のためになれると思います。

掃除を極めて自分を見つめる

●42歳・女性・ゆみえさんのお悩み

「家の掃除がとてもおっくうで、今は家中ホコリだらけ。子どももアレルギー気味なので、なんとかしないといけないと思いつつ、どうしても重い腰が上がらずにいます」

お部屋の汚れや散らかりは、私たちによくない影響をもたらします。

「部屋は心を表す」ともいわれ、悩みがあるときは特に、部屋も汚れたり散らかったりしていることが多いものですよね。

汚い部屋ではリラックスできず、疲れも取れないので、余計に掃除が面倒になってしまうもの。部屋がいつまでもきれいにならなくて、心もどんどんどんよりするという、負のループにはまってしまうわけです。

そうしているうちに、部屋の汚さにもだんだんと慣れてきてしまうんですね。

ゆみえさんの場合は、悩みの原因を探って対処することも大事だけれど、同時に、小さいところから掃除を進めてみるとよいのではないでしょうか。

掃除には心を清める効果があります。

お釈迦様のお弟子さんに周利槃特《しゅりはんどく》という人がいるのですが、掃除を極めて悟りを開いたほど、掃除で心と向き合ったお人です。

彼はお釈迦様の弟子の中で一番頭が悪く、経典を覚えられないどころか自分の名前すら忘れてしまうほどでした。お釈迦様はそんな彼に対して「大好きな掃除をしながら、『塵《ちり》を払い、垢《あか》を除かん』と唱えなさい」と言ったんです。

そして周利槃特はその通りに掃除をすることで、実際に心の汚れや曇りも落とし、悟りを得ることができました。

だから、あなたも簡単な掃除から始めてみてはどうでしょうか。

例えばスマホの画面を拭いたり、お財布の中身を整理してみたり、蛇口の曇りを拭いてみたりするだけでもすっきりするはずですよ。

できれば1日1回、どこか気になるところを掃除してみましょう。

小さなところでいいので、不動明王様がチェックしてくれていると意識しながら、念入りに行うことがポイントです。

特に力を入れたいのは玄関とトイレです。

玄関とトイレは、外と中、清浄と不浄をつなぐ場所です。

玄関をきれいにすると、あの世からのいいエネルギーが入ってきやすくなります。

不要な靴が溜まっていたり、外からつけてきた土などが落ちていたり、靴についた足のにおいなどがこもっていたりすると、いい気は入ってきません。

不要な靴は捨てて、たたきの土やホコリはこまめに掃除し、お香や芳香剤などを使って、いい香りを漂わせておきましょう。

トイレは厄《やく》が溜まりやすい場所で、汚れやにおいを溜めてしまうと運気も下がります。便器の中だけでなくその周りや壁、床もきれいに拭き掃除をして、やはりいい香りにしておきましょう。

時間がないときは、とりあえず換気をして、部屋に新鮮な空気を取り入れるだけでもいいと思いますよ。

「継続は力なり」という言葉があるように、少しずつでも続けることで、部屋はどんどんきれいになっていきます。

片づけていくと、空間がスッキリし、気分もよくなりますね。

それだけでなく、片づけをして、不要なものを取り除き、使いやすい場所にしまうという一連の流れを行うことには「カタをつける」ことにもつながります。

コツコツ片づけを続けることで、段取り上手になれるということです。

段取りというのは、仕事をするうえでとても大切なことですね。

人付き合いにしても、段取りができれば楽しくスムーズにでき、お金の使い方も上手になります。

つまり片づけて段取り上手になれば、人生も豊かになるのです。

自分という言葉は「自」らを「分」けるとも読めます。

これは、自分のものや時間を分ける、という意味にもとれますね。

片づけたり、段取り上手になることで、自分をよく扱えるようになるということです。

逆に自分で段取りができないと、人に流されるようになります。

片づけは、忙しければ忙しいほど疎かになりがちですが、それだと心休まる場所がますますなくなっていってしまいます。

一気に片づけなければ！　とプレッシャーに思うのではなく、目についたものをコツコツ捨てたり、整えたりするうちに、部屋はいつの間にかスッキリしていくものです。

部屋がきれいになっていくにつれて、だんだんと心の曇りも晴れていきますから、少しずつでもコツコツやってみてくださいね。

大切な人を幸せにするためには

●27歳・男性・かつやさんのお悩み

「いつも、付き合う彼女から『あなたといると疲れる』と言われてしまいます。女性を幸せにできる男性になりたいと思いますが、どうしたらいいでしょうか。運命の女性を見つければ、うまくいくのでしょうか」

すべての物事は陰と陽に分かれており、それぞれ真逆の性質を持っていて、足りないところを補い合いながら絶妙なバランスをとっています。

例えば天体でいうと太陽と月では太陽が陽で月は陰。人間なら、男性が陽で、女性は陰。この性別は、自分が思っているほうでよいと思いますよ。

エネルギーを発する陽の人がいれば、陰の人もいます。陰の人は陽の人のおかげで輝くことができます。月の光は自分で光っているわけではなく、太陽の光を受けて光っているのです。そして、月の光には癒しの効果があるといわれています。太陽と月のどちらがよいというのではなく、陰と陽とが組み合わさることで、バランスがとれるんですね。

恋愛でいうと、愛して与える側の陽の人と、受けて癒しの力を増す陰の人がいるといえます。ですからかつやさんは、自分が陽の人だと思うのであれば、何をしてあげれば彼女が喜ぶかを考えて行動するといいのではないでしょうか。

彼女が喜ぶことをしてあげると、彼女からも癒しのエネルギーをいっぱいもらうことができます。あなたはもっと元気になりますね。そうするとあなたはさらに彼女を愛して与えることができます。まずは相手が喜ぶことをしよう！という気持ちを持って、前向きに行動していきましょう。

このときのポイントは、積極的に行動して、出た

結果には自分で責任を持つことです。

彼女に何かしてあげたのに喜ばれないという場合もあります。そのとき、「こんなにしてやったのに！」「どうしてわかってくれないの？」と思うのではなく、ではどうしたら喜んでもらえるかをもう一度考えるのです。

そうやって調べたり、研究したりして再度実行するうちに、だんだんと彼女が喜ぶことがわかってくるはずです。そうするほどに、自分の知識や知恵となって身につくから、どんどんモテる男になれますね（笑）。

ツインレイという言葉があります。これは、前世で1つだった魂が現世で2つに分かれてしまった2人のこと。

片割れに出会うと、初めてなのに懐かしい感じがしたり、最初から気を使わず楽で心地よい関係になれたりするといわれています。

でもツインレイは、恋愛相手とは限りません。

新しい彼女との出会いとして、運命やツインレイの相手を求めるというのはロマンがありますが、そこに依存しすぎるとよくないこともあります。

中には60歳のおじいちゃんと10歳の女の子が仲良くなったり、同性同士の友人であったり、職場の上司と部下という関係である場合もありえます。

年齢差や性別は関係なく、一緒にいることで心が喜ぶ、魂が震える、心地よいと感じる相手がツインレイです。


誰にでも必ずツインレイは存在します。そして、そのように感じる人に何人も出会うこともあります。また、自分はそう感じていても、相手はそう感じない場合もあります（笑）。

ですから「ツインレイの異性とならうまくいく」という思い込みはやめましょう。どんなに気の合う相手でも、よい関係性を続けるためには相手を理解しようと工夫したり、行動で示したりすることが大切です。そして、相手とうまくいっていないときこそ、自分自身の意識や行動を見つめ直すチャンスです。

それを忘れないようにしながら、恋愛を楽しんでいってくださいね。

お金はエネルギー。「ない」と言うと去ってしまう

●24歳・男性・のりゆきさんのお悩み

「給料が低く、いつもお金がありません。なるべく節約はしていますが、物価も高くなってかなりきついです。食費を切り詰めるため、安いスーパーで買い物をしていますが、それでもお金を払うときには『またお金が出ていってしまう』と辛くなります。真面目に働く庶民を苦しませる政治に対して、怒りも込み上げてきます」

なかなか給料が上がらず、貯蓄する余裕もない中で、年金すら期待できない今の社会。国や政治への不満を感じている人も多いですよね。

けれど、もしのりゆきさんが「お金が欲しい」と

思っているなら、「お金がない」という言葉は禁句です。

お金は世の中にいっぱいあります。のりゆきさんは、それを持たせてもらってないだけなのですから。

私は、お金はエネルギーであり、人と同じ生き物のようなものだと思っています。

だからお金は「お金がない」と言う人のところには集まってこないんです。

「友達いないんです」と愚痴を言う人のところには人が集まらないのと一緒ですね。だから「お金はある」とか「今は持ってないけど、これからお金を持たせてもらえる」という意識を持って、世の中にあるお金に寄ってきてもらえるように願ってみましょう。

「給料が少ない」も禁句ですよ。給料をいただけるのは有り難いことです。それを少ないと言うのはお金に対する感謝がないわけですから、どんどんお金とのご縁が薄れていってしまうんです。

みんな「貧乏神」のことを嫌いますが、「貧乏神」も「富の神様」も、両方大切な神様です。

富の神様だけを大事にして、貧乏神を大切にしていない人は、1000円は大事にするけど、1円は蔑《ないがし》ろにしますね。

そういう人は、1000円もうまく使えないでしょう。

安いものを粗末に考えないこと。貧乏神を粗末にしないこと。

給料の額にかかわらず、有り難く受け取りましょうね。
お金の払い方も大事です。

お金は生き物ですから、気持ちよく使ってくれる人のところに集まってきます。同じ1000円を払うのでも、「もったいない」と嫌な気持ちで払うと、そのエネルギーがお金に伝わってしまいます。するとお金は、「あの人のところは不愉快になるから行かないほうがいい」と仲間に伝えるのです。

ですから、1000円も気持ちよく支払ってみましょう。

外食なら「ごちそうさま」、ものを買ったら「ありがとう」のエネルギーを載せて、ポジティブな気持ちで払うことですよ。

するとそのエネルギーがお金に伝わって「あの人のところは楽しいから、行ってみるといいよ！」と仲間を連れてきてくれますから。

どこかから1000円がもらえたり、あるいはもっと高い金額をもらえたり、あるいはお金とは違う縁として何かがもたらされる場合もあります。

お土産をもらうとか、よい情報をもらえるとか、必ずよいエネルギーとなって返ってきますよ。

結局、お金は気持ちよく循環させることが大事なのです。

節約もときには必要ですが、何かを我慢してお金を貯めたとしても、結局そのお金は居心地が悪いから逃げていくことになります。

貯めてばかりいると、負のエネルギーが溜まって、身内に不幸があったり嫌なことが起きてしまったりすることもあります。

ですからお金はなるべく閉じ込めないほうがいいんです。

そうやって、お金によいエネルギーを載せて払って、お金を使いながらよいエネルギーを巡らせていきましょう。

少し余裕ができたら、人のためにお金を使うといいですよ。

そうすると、人への気の使い方がわかってきます。

すると自分も人から応援してもらえます。人が集まってくる生き方をしている人には、お金も後からついてくるんですよ。

「過去」のしがらみを断ち切る！

過去の出来事で心の傷を負ったことが原因で、時間が経ってもその痛みが癒されず、現在のトラブルを引き寄せてしまう場合があります。
思い当たる場合は過去に意識を向けて、心の傷を癒しましょう。

過去に嫌なことがあった記憶は、思い出すのも、向き合うのも辛いことだと思います。でも、そこに向き合うことで、悩みは解消していけますよ。

次の項から、自分の気持ちに寄り添いながら、過去のしがらみを断ち切る方法をご紹介します。

親から愛されなくて辛いときは

子どもの頃、親に愛されなかったとか、親から辛い仕打ちをされた記憶が頭から離れず、大人になっても辛い思いを抱えている人は多いと思います。

●32歳・女性・ともかさんのお悩み

「私はシングルマザーの母に育てられました。母は仕事が忙しく、学校の参観日や運動会にも一度も来てくれたことがありません。家でも疲れ切っていることが多く、箸《はし》の持ち方が悪いといっては叩《たた》かれ、テストで悪い点を取れば蹴られることもありました。過去のことだからと水に流そうと思っても、思い出すと悔しくて悲しい気持ちでいっぱいになります」

それは辛かったですね。

ともかさんのように、ストレスが溜まった親から暴力を受けたことのある人はたくさんいらっしゃると思います。他にも精神的に苦痛を受けるような暴言を吐かれる、性的な虐待をされるなど、親からひどいことをされて、悔しくて悲しい思いをしている人も少なくないでしょう。

そこまではされていないという人でも、親のちょっとした一言にいつまでも傷ついていたり、好きだったことを辞めさせられたり、逆にやりたくないことをやらされたりなど、親にされたことで傷ついている人は多いのではないかと思います。

まずは、先でもお話をさせていただいたように、自分の気持ちを口に出して言ってみることから始めてみるとよいでしょう。

相手は人でなくて大丈夫です。人に話すのはとても怖いことだと思いますから、阿弥陀如来様に話しかけてみましょう。

1. 合掌して阿弥陀如来様のお姿をイメージしよう。
2. 親に愛されなかったという感情について、阿弥陀如来様にお話ししてみよう。口に出さなくても、頭の中で話しかけるだけでじゅうぶんだよ。
3. 阿弥陀如来様が「今まで辛かったね」と抱きしめてくれ、無限の光であなたの感情を溶かしてくれるイメージをしてみよう。気持ちが楽になったら、阿弥陀如来様に「ありがとう」と言ってね。

次は、阿弥陀如来様に見守ってもらいながら、親の愛を感じられなかったという過去の記憶に、第1章でお話をした「おかげさま」の魔法をかけてみましょう。

「親の愛を感じられなかった『せいで』」ではなく「親の愛を感じられなかった『おかげさまで』」に変えることで、過去の記憶を癒すことができるのです。

例えば、「親があんなことを言ったおかげさまで、私は人が傷つく言葉を学ぶことができた」「親が教えてくれなかったおかげさまで、私は先生に積極的に質問し、成績を上げることができた」などと言い換えてみましょう。

そうすれば、少しでも気持ちが軽くなると思います。未来もどんどんよい方向に変わっていきますよ。

親に対する感情は執着になっていることもあり、完全になくすことは難しいものです。

ですから、なくすのではなく、変えることを考えることが大事。

実は、「親のせいで」という意識は、「親のおかげさまで」に変えることでしか、乗り越える術はないともいえます。過去にあった事実は修正することはできません。けれど、「親のせいで」を「親のおかげさまで」に変えることで、今どうしたらいいかがわかるようになります。

また、これも前にお話ししたことですが、困難、災難などの「難」は、あなたが学びを得るための課題なのです。

難がないことを「無難」と書きますが、難があるのは「有り難い」と書きますね。

親のことで難があったからこそ、あなたは傷ついたかもしれません。けれど、そこから学ぶことがあり、経験を積むことができました。

あなたはそれだけ成長できる可能性を秘めていたから、そういう難を与えられたともいえるわけです。

そして、親は反面教師としてあなたにいろいろ教えてくれた存在になるのです。愛を感じさせてくれなかったいわゆる「毒親」だって、親子という間柄だからこそ、悪役になってあなたにいろいろ教えてくれているともいえるわけです。

そう理解すれば、辛かった記憶も「おかげさまで」と塗り替えていけるでしょう。

少しずつでもいいんです。

実は私自身も、小学生のときに父親が亡くなり、それを苦にした母が心中を試みようとして、堤防に連れていかれた過去があります。

でもそこで抵抗して、母も思いとどまったんです。

今は母にも感謝していますが、その当時は「なんで俺が死ななきゃならないんだ！」と怒りを感じ、とても悲しくなったのを覚えています。

その後15歳で親元を離れて修行を始めてからも、お寺での生活が辛くて、「なんで俺はこんな目にあうんだろう」と思ったことは何度もありましたよ。


でも、そんな事情があって、早くから親と離れたからこそ、いろいろな人から学ぼうという意志が強くなりました。その結果、親より尊敬できる人も見つかりましたし、逆に親より尊敬できない人とも出会って、たくさんのことを勉強させていただきました。経験を積めたと今では感謝しているんです。

親だけをお手本にしていると、狭い世界の中でだけ学ぶことになってしまいます。事情があって、親以外の人にお手本を探そうと思える境遇というのは、自然と自分の視野を広げることにつながるので、ある側面では恵まれていることかもしれません。

「～するべき」から抜け出せないときは

●37歳・女性・さちよさんのお悩み

「私は3人の子どもを保育園に預けながら、フルタイムで働いています。毎日目が回るほどの忙しさで、疲れたときの夕食は、スーパーで買ってきたお弁当を食べさせることもあります。でも母からは『スーパーのお弁当には添加物が入っている』『子どもの食事はきちんと作らないといけない』と普段からさんざん言われるので、罪悪感を感じてしまいます」

誰でも育ってきた環境の中で「～しなければいけない」「～してはいけない」といった教育をされたことがあるでしょう。それが、無自覚の固定観念になっている人もいると思います。

「食事はお母さんが作るべき」「男の子は逞《たくま》しくあるべき」「長女だからこうするべき」などといったものですね。

今はだんだんなくなっていますが、若い人でも、親からのそういう刷り込みに縛られたことが原因で、自分自身に厳しいルールを設けて、自分の首を絞めているような人は多いと思います。

そのようなときに考えたいことは、「大切な親でも、あなたの人生を代わってもらうことはできない」ということです。

あなたの人生なのですから、親の言うことにがんじがらめになる必要はないし、親の言うことに背いたからって罪悪感を持つ必要もありません。

阿弥陀如来様にお願いし、刷り込まれた固定観念を溶かしてもらいましょう。

例えば、「疲れた」「嫌だ」などの口グセをやめたい、「自分けどうせダメだ」と考えてしまうクセをやめたい、など、やめたい固定概念を想像しながら阿弥陀如来様の光を想像してみましょう。

凝り固まってしまったクセも、阿弥陀如来様の光が溶かしてくださいますよ。

その後はお礼をお伝えするのを忘れずに。

ただし、いきなり全部をやめたり、変えたりすることは難しいものです。

ですからお勧めは、意識や行動をちょっとだけズラすこと。

例えば、毎日の夕食が買ってきたお弁当だとちょっと辛いかもしれません。

でも、「今はお母さんの時代と違ってみんな忙しいんだから、たまにならば手抜きしてもいいんじゃない？」と考えてみたらどうでしょう。1個だけ冷凍食品を入れてみるなどもよいですね。

添加物も、気にし出したらキリがないことです。

ですから少しくらいは許してみるのもありだと思います。

それよりも、なんでも「ありがとう」「いただきます」という感謝の気持ちで食べさせていただくことのほうが大事ではないでしょうか。

「パワーフード」という言葉があります。元気をもらえる食事という意味ですが、感謝を込めて作ったり、感謝を込めていただくことで、初めて本当のパワーフードになるんです。

この世で生きてきた食材の命を、感謝を込めて料理したり、「いただきます」と食べたりすることで、食材のエネルギーが自分の身体に入っていくんです。

誰でも材料と手順を守れば「美味しい料理」は作れます。けれど、「元気になる料理」を作るには感謝と愛情が必要です。

食材に対して「ありがとう」という気持ちを持ち、愛情を込めて作ることで、元気になれる料理が作れるんです。それを子どもに食べさせたいと思えば、そちらのほうがよいご飯になると思いますよ。

ちなみに、出会う食材とも「ご縁」はあります。

人との出会いも奇跡だけれど、食べ物との出会いも奇跡なんです。

魚なんて1回に何百個も卵を産みますね。そこから生まれた何百匹の中で、たくさんの天敵から逃れて、成魚になって、そして漁師さんたちに獲られた魚のうちで、あなたの近所のスーパーに卸された魚のうちの、たった1匹を食べられると考えたら、すごく貴重な出会いだと思いませんか？

その気持ちを表す言葉が「いただきます」なのですから。

「数々の難を逃れて生きてきた魚の命をいただくことで、私も難を逃れることができます」という感謝が込められているんです。

ちなみに私はご縁でいただいたものはなんでも感謝して食べます。

お酒も飲むし、タバコも吸いますよ。それでもちゃんとあの世とつながれるから、みんなも安心してくださいね（笑）。

仏教の元祖インド、チベットでも、お坊さんはお布施として与えられたものは全部食べていたんですよ。日本では、昔は、お坊さんは肉や魚を食べちゃダメというルールもありましたけど、それは日本だけの話。一般の人とお坊さんの違いを見せるためにあえてルールを作ってしまったんですね。

そのことにも象徴されるように、日本人というのは「こういう人はこうするべき」というルールを作って、身分によって差をつけるのが好きなんです。

でも、「～するべき」という固定観念にとらわれてばかりいると、本当の自分が見えなくなって、毎日が楽しくなくなってしまいます。

苦しいなと感じることがあったら、その奥に固定観念が隠れていないかを探り、それが本当に大切なことなのか見極めてみましょう。

その固定観念が必要ないと感じたら、潔く手放してみることも大事ですよ。

不必要な「未来の心配」を払拭！

起こってもいないことで不安や恐怖や焦りにとらわれて、今を楽しめない人は、「未来」の心配を払拭《ふっしょく》しましょう。

未来のことで頭がいっぱいになってしまっているとき、その心配事を生み出しているのは、あなたの脳です。

人間の脳が記憶できる容量なんて、せいぜい100年やそこらでしょう。

ですから、未来の悩みこそ、魂やあの世という、時間の概念がなく、永遠に知恵をストックしている存在のお力をお借りすべきなのです。

次の項から、未来の悩みを解消する方法をご紹介します。

欲を持つのはとてもよいこと

●39歳・女性・まひろさんのお悩み

「周りの友達には、必要なだけの生活費を稼いで質素に生活している人が多いです。でも私はいい化粧品を使いたいし、いい車に乗りたい。豪邸にも住みたい。だから仕事も頑張りたいし、たくさん稼ぎたい。それが本心なのですが、周りと比べると欲張りだなと思うこともあります」

未来でこんなことがしたい、あんなものが欲しいと思うことは、夢があることですよね。

でも、欲を持つことを恥ずかしいと思う人も多い。「欲を出しちゃいけない」「欲をむき出しにするのは浅ましい」と考えるんですよね。

でも私の考えでは、欲は出したほうがいいと思っています。

一般的には「人間の欲に限りはない」といわれていますが、限りはあると思いますよ。その人によって満足するレベルが違うだけではないでしょうか。

例えば車にしても、年収120万円の人は、ちょっと無理したら買えそうな200万円ほどの車を欲する。年収400万円の人は600万円ほどの高級車、年収1000万円の人は3000万円の超高級車を欲する、という具合です。

ですからまひろさんの場合も、周りの人と自分を比べなくていいんじゃないかなと思います。欲しいものがたくさんあるなら、どんどん稼いで、自分の欲を満たしてあげていいと思います。

そうやって、自分の小欲を満たしていった人こそが、やがて大欲を持つことができるんです。

小欲というのは「これが欲しい」「ああいうふうになりたい」という人間の

ちっぽけな欲のこと。対して大欲というのは「世界が平和であるように」「人々がもっと豊かになるように」といった神様の抱く、壮大な欲のことです。

そう、神様も欲を持つのです。

私たちに力を貸してくださるのも、「幸せになりな」「この世に幸せを増やしてね」「あの世にも幸せを送ってね」という、欲なのですから。

小欲は、いわば自分だけを満たす欲のことだけれど、それを繰り返して自分が本当に満たされることで、他人に対しても与えることができるようになります。そしてそれが大欲にもつながります。

お金を持っている経営者やスポーツ選手がよく寄付をしていますね。あなたも、欲があるなら躊躇せず、まずはどんどん叶えてみましょうよ。

1．自分の欲しいものや、食べたいもの、なりたい自分像などを思い浮かべ、それが叶った状態をイメージしよう。例えばダイヤモンドの指輪が欲しいなら、それを身につけたときの気持ち、感触、ダイヤの輝きなど、体感として感じ取ってみてね。
2．感じながら弥勒菩薩様の真言「オン・マイタレイヤ・ソワカ」を3回唱えよう。
3．弥勒菩薩様に、「私はダイヤモンドの指輪を手に入れました。ありがとう」とお礼を言おう。

こんなふうに、弥勒菩薩様に向けて、未来になりたいイメージを具体的に想像してそれをお送りしてみましょう。

想像してみて、ワクワクしたり、幸せな気持ちになれたりしたでしょうか。その幸せが心や魂を通じてあの世に伝わると、あの世から奇跡を呼び込むエネルギーになります。

すると、あの世から奇跡が押し寄せてくるようになるんです。

幸福を伴う創造のエネルギーというのは、理想や奇跡を現実化する力になります。

例えば京都には、世界文化遺産にもなった平等院がありますね。平等院は、極楽浄土を現実化したいという願望によって生み出されたもの。

そうして実際に、あれだけ奇跡的に美しいものが生み出されたのです。

さらに平等院を訪れた人は、どれだけ極楽浄土が素晴らしい場所なのかと極楽浄土を夢見て、幸せな気持ちを抱くでしょう。すると極楽浄土のイメージがさらに、よりいっそう美しいものに変わっていきます。

そのように、幸せな気持ちで願望をイメージし、実現に向けて行動することで、この世とあの世をよりよいものに変えていくことができるのです。

ですから理想のイメージは、どんどんポジティブ

に想像して創造しましょう。

例えば、ずっと欲しいもののイメージを思い浮かべていたら、何気なく観た映画から、それを買うための収入アップにつながるアイデアをもらえたり、安く買える店の情報を友達からキャッチしたりできるかもしれません。あるいは誰かからそのものを譲り受けることができるかもしれないですよね。

やりたいこと、欲しいものとのいろんなご縁をつなぐために、周囲の人に「〜が欲しい」「これがしたい」と言っておくのもお勧めですよ。

日本人の大好きな「遠慮の塊」というのがありますね。

みんなで食事をしていて、お皿に料理が1個だけ余っているとき、本当は食べたいけど、みんな遠慮して手を出せない。

でもそれだと満たされてないから、また欲しくなるわけです。

手に入らない間中ずっと、その感情に支配されることになってしまいます。

でもお腹いっぱい食べて満足すれば、それ以上美味しい料理が出てきても「私はもう食べられないからどうぞ」と与えられる。

それこそが本当の親切じゃないかと思うんです。

自分を満たさないと、心の底から「どうぞ」と言うことはできません。ですから欲は持っていいし、自分の欲を叶えることはいいことなんです。

自分の欲に忠実に、好きなものを食べられて、好きなものを買えて、行きたいところに行けて、思ったことができるという生活を毎日続けてみると、しばらくはすごく楽しめるけど、いつか必ず飽きてくるものです。

そしてそのときに初めて、「社会貢献してみようか」「困った人を助けてあげようか」という気持ちになるのが人間なんですよ。

だからまず、自分の欲を大事にして、ちゃんと叶えてあげたらいいですよ。

だから私もお金を稼ぐことに躊躇していません（笑）。

「坊主、丸もうけだな！」とか、人からいろいろ言われますけど、稼いで何が悪いんですかと思っています。私がお金を稼いだら、それだけ人にしてあげられることが多くなるんだから。だから目一杯稼げるように努力しているんですよと。

お金を稼げる人は、稼げるだけ稼いだらいいと思うんです。

自分が豊かになって、お腹いっぱいになれば「人のために使おう」「人を応援してあげよう」という気持ちになれる。自分がどこまで稼いだらそういう気持ちになれるか、試してみたらいいですよね。

そこまでしていないのに「自分は欲張りかも」なんて迷う必要はないんです。自分が思う通りに豊かになって、欲張りを通り越えて、人を応援できる大きな人になってくださいね。

失敗の怖さを軽くする言霊

●39歳・男性・そうたさんのお悩み

「10年以上働いた会社を辞めて、独立したいと考えています。うまくいけば収入がかなり上がる見込みですが、妻と子どももいる身で、失敗のリスクを考えると怖い気持ちもあります。でも挑戦したい。どうしたらいいでしょうか」

「こうしたい」「ああなりたい」という欲は持っていても、失敗が怖くてなかなか動けないという人は多いと思います。

でも、挑戦したいのに、失敗した自分をイメージしていると、その自分からマイナスのエネルギーが流れてきて、失敗に結びつくような行動を起こしてしまうなどして、本当に失敗してしまいます。

先ほど、ポジティブなイメージは現実化するという話をしましたが、その逆のことも言えるんです。

ネガティブなイメージも現実化してしまうのです。

ですから、成功している自分をイメージしてみましょう。

実際に成功している人は、自分が成功している姿をイメージするのが上手です。

根拠がなくても「絶対成功する！」と思い込むことで、本当に成功を手に入れることができたりします。

そして、思い込むためには、弥勒菩薩様と言霊の力を借りるのがお勧めです。

1. 「絶対に成功する」「最高の人生にする」など成功をイメージする言葉を考えよう。「でも失敗するかもしれない」など否定する気持ちが入ってしまう場合は「私は成功しつつある」など、心に嘘をつかないで済む言葉を考えてみてね。
2．合掌をしながら成功したときの楽しい気持ちや嬉しい気持ちを想像し、弥勒菩薩様に向けて、1で考えた言葉を10回言ってみよう。
3．弥勒菩薩様があなたの言霊を受け取り、未来のあなたを成功に導いてくれる。弥勒菩薩様に「ありがとう」と言ってね。

何事も挑戦したいならやってみましょう。成功すればいいし、失敗したとしても、必ずそこから成功につながる学びを得ることができます。

成功するか失敗するかはやってみないとわからないものですから、結局、挑戦することでしか成功には結びつかないわけです。

やるか、やらないか。本気で挑戦して、失敗したとしても諦めないでまたチャレンジし続ける人が、成功できるんじゃないかと思います。

みんな心の底では自分がどうしたいかを本当は感じ取っているものです。でも「失敗しそうだから」と頭で考えて諦めてしまうんです。

子どもの頃はみんな、親から「危ない！」と言われても高いところに登ったりしていましたよね。「触るな！」と言われてもストーブに触りたがったりね。

でも大人になるにつれて、自分で自分のしたいことを抑えつけてしまうようになります。

やりたいことをやりきっていないから、みんなモヤモヤしているわけです。

人生100年として、あと何年生きられるか数えてみましょう。

生きているうちに挑戦せずに、思い残したまま死ぬと、成仏できずに幽霊になってさまようことになってしまいます。

私の知り合いで、好きな人に告白したかったのに「フラれるのが怖い」と我慢して言えなかった女性がいました。

実は相手の男性も彼女のことが好きで、告白するチャンスもあったのに、ついに言えないまま交通事故で亡くなってしまいました。

2人とも心残りだと思います。切ないよね。

「成功する人は一握り」といわれるけど、それは挑戦し続ける人は一握り、とも言い換えることができると思いますよ。

成功した人たち全員に特別な才能があったわけではなくて、成功する人は失敗のリスクをとりながら、挑戦し続けることを諦めなかったから、成功できたのだと思います。

経営者の中には何度も失敗して、立ち上がって、大きな成功をつかんだ人がたくさんいます。そういう人の情報をネットで集めたり、本を読んだりするのもいいですよね。

何度もいってしまうけれど、人生は1回ぽっきり。

悔いのないよう、自分の気持ちに素直に生きてくださいね。

恐れることは悪いこと？

●21歳・男性・ゆういちさんのお悩み

「集団の中に行くのが怖いし、恋愛するのも怖い。怖がらずに挑戦したほうがいいと思って大人数のサークルに入ってみましたが、やっぱり無理でした。怖がるのはいけないことでしょうか」

まずは何気なく使っている「おそれ」という言葉について理解を深めてみよう。「恐れ」「怖れ」「畏れ」など、いろいろな「おそれ」の形があることに気づきます。

「おそれ」は私たちの身近に存在しているといえますね。

それぞれの意味を見てみましょう。

「恐れ」は「将来に対する恐れがある」など未来への不安や心配を意味しますね。時間を伴う、主に身体で感じる不安を表します。

「怖れ」は「恐れ」とも似ていますが「おびえたり、びくびくする」などを表しています。「おばけを怖れる」「物音を怖れる」など。主に心で感じる感覚的なおそれを表します。

「恐れ」という未来への悪い妄想と「怖れ」という感覚が重なり合って「恐怖」になるわけですね。

そして「畏れ」は「神様など自分からは遠く近寄りがたい存在に対し、かしこまって敬う気持ち」を表す言葉です。

「神仏に対して常に畏れを抱いている」のように使われます。「畏」の字は「畏《かしこ》くなる」「畏まる」というふうにも使われます。

苦しいことがあって当たり前の現実世界で、私たちは恐れや怖れを感じるからこそ自分の気持ちに向き合うことができ、それを乗り越えることで、畏れない魂への成長をとげ、畏くなれるともいえます。

ですから恐れることは悪いことではありません。
まずはそんな自分を認めてあげましょう。

弥勒菩薩様をイメージして、「この恐れをステップに、私は畏くなります」と宣言してみるといいと思いますよ。

ですから、「怖い」と感じるときは、自分が気づくべき課題＝つまり、次のステップがあるのだと自覚していきましょう。
「じゃあ自分はどうしたらこの怖さを克服できるのか」という意志を確かめてみることで、一歩先に進むことができます。

例えば、「大人数でいることを避けたい」のなら、もうそういう集まりには行かなければいいのです。

「恋愛したい」と思うなら、それに対する恐れの気持ちを払拭できるよう、内面や外見を磨いて、自信が持てるように行動したらいいのです。

「怖い」という気持ちを感じたら、「どうしたらいいんだろう」と悩むよりも「どうしたいのか」という意志をはっきりさせましょう。そうして、それを叶える自分になるために、今を一生懸命生きていきましょう。

私たちの「心」はどこにある？

私たちは身体、心、魂を通じてあの世のお力をお借りしていて、身体と魂をつなぐものが「心」だとお話をしてきました。

身体は物質であり目に見えますが、魂はエネルギーなので目に見えません。

では、それをつなぐ心はどのような存在でしょうか。

そのヒントは、「腸」にあるのではないかと私は考えています。

「腹黒い」「腹を割って話す」「腹が立つ」「腑《ふ》に落ちない」「腹の虫が治まらない」「腸《はらわた》が煮えくり返る」……といったように、私たちは脳と腹（腸）を結びつける言葉をたくさん持っています。

侍の切腹は、腹を割ります。

まず腹の命を絶ってから、首を切って本当の死に至るのです。

腸は最近では「第二の脳」とも呼ばれていますね。

腸内には、脳に次ぐ多さの神経細胞が存在して、脳とつながる神経網が張りめぐらされています。腸の機能は、脳の司令によるものではなく、腸が自ら判断してコントロールしており、自律神経との関係も深い器官です。


精神的に緊張するとき、お腹が痛くなったり、便秘になったりと、精神状態がお腹の調子に影響することがあります。

昔の人はこの、脳と腹の関係に経験的に気づいていたからこそ、腹にまつわるたくさんの言葉を生み出したのかもしれません。


自らの心に向き合い、意志を探ることが大切だと先ほどお話ししましたね。

私たちは身体を持って生きているため、どうしても目に見えて触れるものがあったほうがイメージしやすいものです。


私は、「頭で考えすぎていると感じたら、お腹のほうに意識を向けてみよう」

とよくアドバイスします。

「心」に迷いがあって、「心」を見失ってしまったと感じるときも、お腹に触れてお腹に意識を向けてみるとよいですよ。

先ほどもお伝えをした腹にまつわる言葉の表現について考えてみましょう。

例えば怒ったとき「腹が立つ」と言いますね。そして、その気持ちを腹から上の部位で感じると、「ムカムカする」「ムカつく」という胸にまつわる言葉になります。

さらにもっと上の部位になると、頭で気を乱す「頭にきた」「イライラ」という言葉になりますね。

気が身体の上のほうに動いていくと、考えすぎてしまって、地に足がついていない、浮いているような感覚になっていきます。

ですから、怒りを抱いたときには、「腹を据えて」、できるだけ身体の真ん中で対処するのがいいんじゃないかと思います。頭で考えすぎず腹にエネルギー

を持っていくように意識してみるのです。

腹を据えるには呼吸に意識を向けるとよいでしょう。

自らの心と書いて〝息〟という漢字になるように、腹や心に意識を向けたいときには、まずは深呼吸をしてみることが大事です。

最近では自律神経と呼吸の関係も注目されていますよね。

呼吸するときは、数を数えながら吐いてみましょう。

呼吸は吐くことが大事ですよ。吐き切ると、勝手に腹から吸えるようになりますから。

そうして腹が座ってくると、心がぶれなくなってきます。

深呼吸して〝息〟をし、自らの心を知る。そして言える人（信）になれることで、信じることへの勇気を持ってみましょう。

心の不安や悩みは、こうすれば軽くなっていきますよ。

第3章

心でお力お借りして信じる気持ちを取り戻そう！

感謝の気持ちや神秘を思い出す「信じる心」

身体の次は、心であの世のお力をお借りする説法をご紹介します。

心が迷い信仰心を失ってしまうと、あらゆることが信じられなくなってきます。疑心暗鬼になり、心が鬼に変わってしまうこともあります。

信仰心を取り戻して、神様や自分自身の本来の姿を見つめましょう。

信仰心を取り戻したいとき、力になってくださるのがご先祖様です。

あなたがあの世の奇跡を望むとき、あなたのご先祖様が、あの世にいらっしゃるあらゆる神様や仏様に口利きをして助けてくださるのです。

ぜひ、ご先祖様との絆《きずな》を深めることで、たくさん応援してもらいましょう。

罪を犯したご先祖様のことを尊敬できないときは

●23歳・男性・こうすけさんのお悩み

「ご先祖様に有名な人や、優秀な人がいる人が羨ましいです。うちのご先祖様の中には罪を犯した人や、アルコール依存症で身を滅ぼした人などが何人かいるようです。だからそんな人たちを祖先に持つ自分も、ろくな人生が送れない気がしてしまいます」

ご先祖様は大事だと頭ではわかっていても、好きになれないご先祖様がいる場合、心からそう思えないこともあるかもしれませんね。

誰にでも産んでくれた両親がいて、それぞれの親にも両親がいて……と10代も遡れば、ご先祖様の数は1000人を超えることになります。さらに遡れば何千人ものご先祖様がいることでしょう。

あなたは、そのご先祖様たちの集大成。何千人といるご先祖様たちが生きてきた命のバトンを受け継いでいるわけです。

それだけの数のご先祖様がいらっしゃると、中には悪いことをしたり、悔いを残したまま亡くなってしまったりなど、好ましく思えないような生き方をした人もいるかもしれません。けれど、なんにせよ、そうした人を含めて何千人ものご先祖様が命をつないでくれたおかげで、あなたの今があるわけです。

先祖代々を1本の木にたとえると、根っこがご先祖様で、幹は祖父母、枝は両親で、そこから咲く花は自分、そこからできる実は子どもたちです。

木は根っこを切ってしまったら全部枯れますね。

根を粗末にしたら花も咲かず実もなりません。ご先祖様のうちのたった1人でも欠けたら、今の自分は生まれてこなかったわけです。

まずは、その方々がしたこととの内容よりも、ご先祖様がいてくださったからこそ今の自分がいる。そこに感謝を込めてみましょう。そして、もしかしたら悔いを残したまま亡くなったかもしれないご先祖様たちの苦しみを癒してあげましょう。そのために、薬師如来様のお力にお頼みしてみるといいですよ。

1. たくさんのご先祖様たちが目の前にいるイメージを持ってみて。具体的な顔は浮かばなくても大丈夫ですよ。
2. 薬師如来様を心の中でお呼びし、「薬師如来様の薬でご先祖様たちの苦しみを癒してください」とお頼みしよう。
3. 頭上に薬師如来様が現れて、薬壺から光あふれる薬を振りまいてくれ、ご先祖様たちが笑顔になり、光に包まれ輝く様子をイメージしましょう。薬師如来様に「ありがとう」とお礼を言おう。

過去が現在を作り、現在が未来を作る、という話は第1章でも書かせていただきました。

過去はあなたが生まれる前にもあり、未来はあなたが亡くなった後にもあります。そのように広く捉えると、あなたの過去にはご先祖様がいるわけです。

過去の捉え方を変えることで、現在もよくなり未来もよくすることができます。「罪を犯したご先祖様のせいで、自分もろくな人生が送れない」という意識があるなら、過去の捉え方を変えてみましょう。

例えば「罪を犯したご先祖様のおかげさまで、正しい生き方を学ぶ意欲が持てた」「アルコール依存症で身を滅ぼしたご先祖さまのおかげさまで、お酒をほどほどにするという教訓が得られた」など。そして、そういう意識のもとに、今を生きてみると、前向きな気持ちになれますよね。

そうやって今を一生懸命に生きれば、未来もよくすることができます。

過去のご先祖様の人生も「おかげさま」といえるものに変えて、自分が思う通りの人生を歩んでいきましょう。

あなたはご先祖様たちの集大成であると同時に、

その最新型。

ご先祖様たちが生きて身につけてきた知識や知恵が、遺伝子の細胞の中に組み込まれているのです。ですから人生で出会う困難な出来事に対しても、ご先祖様よりももっとシンプルに、もっと簡単に、乗り越えられる力があるんです。

そしてご先祖様たちは、自分が持っていたよい部分はあなたにもっと磨いてほしいし、悪い部分はあなたに解消してほしい。同じ失敗はしてほしくないと思っているんです。

少しでもあなたが幸せに生きてほしい。そして、もしタイミングがあれば、自分のことを思い出して供養してもらいたい。

あなたのご先祖様はそのように考えているのです。あなたは代々のご先祖様が安心してあの世で過ごせるようになるための望みの綱なんですね。

ほとんどの場合、ご先祖様を一番思い出してくれるのは、子孫ですから。

ご先祖様はあなたのことをいつも応援しているのです。ですから、あなたが現在を前向きに生きれば生きるほどに、何千人ものご先祖様たちから応援を受けられるようになり、人生は本当に充実したものに変わっていきますよ。

空海の教えを現代の言葉で表したものに、「生かせいのち」というものがあります。命あるものが互いに関わりつながり合うことで調和が生まれる。だからご先祖様や両親からいただいた命を大切にし、同じくご先祖様がいるすべての命を大切にしながら、今を生きよう、という意味です。

あなたの幸せこそがご先祖様の幸せです。

それを忘れないようにしながら、自分の心と向き合って、本当にしたいことをし、本当に欲しいものを手に入れる生活をしてみたらどうでしょうか。

あなたが心から笑顔になれれば、ご先祖様も笑顔になれます。

与えられた命を大切に、今を楽しく生きましょう。

お墓を永代供養することについて

●35歳・女性・ゆみさんのお悩み

「夫も私も、先祖代々のお墓は兄弟が受け継いでいて、自分が入るお墓はありません。亡くなった後の魂がお墓にいるわけではないと聞きますし　特にお墓はいらないと思うのですが、ダメでしょうか」

「跡継ぎがいない」「維持費がかかる」「お墓が遠い」などの理由から、最近では、お墓を永代供養したり、お墓を建てずに樹木葬や散骨をしたりしようと考えている人も増えています。

昔の日本人は八百万の神を信仰し、神社やお寺に参拝する習慣がありました。伊勢神宮や出雲《いずも》大社などのいわゆる本社参りもその1つですね。でも大抵の人は、遠くて本社にお参りに行くことができないから、地域の氏神様と呼ばれる神社にお参りに行き、家に神棚を祀って毎日、毎日拝んでいました。

もちろんお墓参りもして、ご先祖様に「いつも見守ってくれてありがとう」という気持ちを伝えていました。だから神様たちが守ってくれていたんですね。

でも現代の日本人はだんだんと神様やご先祖様に手を合わせなくなり、その存在を忘れてしまっているように思います。

土地の神様に許可を取る地鎮祭すらしないで家を建ててしまったり、お墓も永代供養をしてその後は放置してしまったり、ご仏壇にしてもホコリが溜まっていたり、お供えを放置してカビを生やしていたり、花が枯れていたり。

神様やご先祖様に対する信心と感謝がなくなっていないでしょうか。

確かにお墓にご先祖様の魂が眠っているわけではないけど、私はやっぱり、お墓はあったほうがいいと思います。

それは、人が仏像を見ることで信心を思い出すのと同じで、人間は形がないと忘れてしまうものだか

らです。

人間に対しても形は大事ですよね。いくら「人間、中身が大事」といっても、「あの人イケメンだわ〜」「あの顔はタイプじゃない」って、やっぱり形から入っていないでしょうか？

その人の中身を見ようとするのは、その先の話ですよね（笑）。

ですからお墓はやっぱり大事だと思います。

今はお墓がなくて、お墓を建てたいという場合、親の宗教がわからないなら、自分で縁のあるお寺を探すといいと思いますよ。

いろんなお寺めぐりをしてみて、気に入ったところがあれば、お参りに行ったり、行事に参加してみるなどして、お付き合いをしてみましょう。

そしてよいお寺だな、と感じたら、そこにお墓を建てるとか永代供養墓を持つといいと思います。

守護霊について

あの世から自分を見守ってくれる存在には、神様やご先祖様のほか、「守護霊」もいます。

守護霊は人間1人に対して1、2体いるという説もありますが、私は1人につき無数に存在していると感じています。

守護霊は目には見えなくても、自分がその存在を信じていると、目に見えたり感じたりする形でメッセージをくれるんですよ。

それは、たまたま見ていたテレビで流れてきた言葉だったり、友達との会話で気になったフレーズだったり、道を歩いていて目についた看板だったりします。そのほかにもいろんな形で守護霊からのメッセージは現れてきます。

守護霊の中でも自分と深く関わってくれる「指導霊」という存在は、その人の生き方のレベルに応じて変わります。

その人が小学生レベルのときは小学校レベルの先生がついて、そのレベルを抜けたら中学校レベルの先生が、それを大きく乗り越えたら大学レベルの先生に変わったりもします。

指導霊が変わると自分の考え方や好きなものが変わってきたりするので、なんとなくわかる人もいると思います。

いわば人生のガイドさんです。

この本ではたびたび、トラブルや災難といった一見嫌な出来事には、自分が成長できるヒントが隠されていると書いています。そして、そういう「難」こそが守護霊からのメッセージであることも多いのです。

自分の生き方のレベルが上がるほどに、守護霊からのメッセージである「難」の内容をだんだんとこなせるようになっていきます。

生き方のレベルが上がっても「難」がなくなるわけではないのですが、目の前の「難」一つひとつに対処していくことによって、だんだんと対処することに慣れていくのですね。

現れた「難」についてもいちいちうろたえたり落ち込んだりすることが少なくなり、「あ、自分の人生をよりよくしていくための課題がまた現れたね。さて対処するか！」と取り組めるようになっていくのです。

「難」と出会ったら、災難というよりは、最高に楽しい課題（最難）だと受け入れてみて、それを解きたいか解きたくないかを考えてみるといいですよね。

「自分の守護霊はどんな存在なのかな？」と興味のある人は多いと思いますが、それをあれこれ考えるよりも、目に見える守護霊からのメッセージである「難」に向き合ってみるほうが、早く幸せになれます。

守護霊はみんなのそばに存在してくれているのですが、守護霊に感謝していると、より多くのメッセージを送ってもらえます。

ですから、大切なのは常に「ありがとう」という感謝の気持ちを忘れないこと。自分のことを大切にし、人のことを考えて応援できる人は守護霊にも守られているといえます。目の前の人間関係を蔑ろにして守護霊だけに頼ったりしても、助けてもらえません。

この世にいる自分や周囲の人を大切にし、自分が置かれている環境に感謝している人こそが、守護霊に守ってもらえるのだと理解してみましょうね。

そしていつか私たちも、大切な人を守護できる存在になれるのですから。

あなたはご先祖様の集大成であり、守護霊の集大成ともいえますね。

そのような無限大の可能性を秘めた自分という存在で、人生をどんどん楽しんでいってくださいね！

第4章

魂でお力お借りして「奇跡」を悟る

魂を磨いて、人生のステージをアップしよう

最後の章は、いよいよ、魂であの世のお力をお借りする説法をお伝えします。

そのために、魂を磨くことを意識しましょう。

魂が磨かれることで、あの世とのつながりが太くなり、奇跡だらけの毎日を送れる第一歩となります。

さらには、あなたがどうしてこの世に生を受けたのか、あなたの使命は何なのかのヒントが授けられるでしょう。

あなた自身も神様の分身となって、自らも奇跡を受け取るだけではなく、あなた自身も奇跡を起こし、身の回りの人やこの世、ひいてはあの世にまでも幸福をもたらすことができるようになっていきますよ。

人がこの世に存在する意味

●38歳・女性・くみさんのお悩み

「スピリチュアルの本を読んだとき、私たちは創造主であり、なんでも思い通りにすることができると書いてあるのを見ました。でも私は今、悩みがありますし、周囲の人も困ったり苦しんだりしています。なぜなのでしょうか」

身体の中には心があり、心の内には魂があるというお話をしました。

魂は時間の概念がなく、永遠です。ですから、すべての時の記憶を持っている存在です。まずはあの世とこの世の違いについて、これまでにお話をしてきたよりも、さらに一歩踏み込んで、説明しましょう。

あの世は目には見えないエネルギーの世界で、すべてのものが調和している世界です。

ですから、「できない」「わかり合えない」などの悩みが生じることはなく、すべて思い描いたことが現実になる、思い通りの世界です。

対してこの世は物質世界。

生きていれば悩みが生じることはしょっちゅうですね。

どうして思い通りにならないかというと、この世には「人それぞれの違い」が生じて、ときに不調和が生じるためです。

水にたとえると、あの世は目に見えないナノイオンのような存在です。

これが、もう少し粒子が粗くなるとマイナスイオンになり、さらにもっと粒子を粗くしたら水蒸気、水、氷になりますね。

あの世ではエネルギーとして存在していたものが、粒子や分子レベルから氷のような物質になることで、形ができて、熱い・冷たい、大きい・小さいなどの違いが生じてきます。

物質は、見る角度によっても違いを生みますよね。例えばコップを例にあげてみると、真横から見ると長方形に見えるけど、真上から見ると円形に見えるというように。

物質世界には形があるから、他と比べることができます。

私たちの間でも、人によって見え方や感じ方に違いが生まれます。わかり合えないと感じたり、孤独だと感じたりすることがあるんですね。

こうした苦しみは、すべてが調和したエネルギーの世界であるあの世では感じられないことです。

一方で、私たちには魂がありますね。ですから私たちも本当は、すべて思い通りに物事を具現化できる存在でもあるのです。空海の言葉にも「仏法遥かに非《あら》ず。心中にして即ち近し」というものがあります。

誰でもそもそも生まれたときから仏の性質を持っているのだから、その恩恵を受けていることをちゃんと自覚して幸せになることが大事なんです。

今、生きていて辛いという人は多いですが、そもそもこの世は思い通りにならなくて当たり前。だからこそ、私たちは身体を持ってこの世に生まれ、制限のある中で、学びを得て幸せになるというチャレンジができる。私たちがこの世に生まれてきたのは、そうしていろんな経験をするためなんです。

思い通りに生きられることも意識しながら成長し、この世に生きながらに幸福を増やすために生まれてきたんですね。

つまり即身成仏の生き方をすれば、生きながらに仏の世界に行って、さらに魂を成長させることができるのです。

生きたままあの世に行くとは

●40歳・男性・はやとさんのお悩み

「仏教では、亡くなってからあの世に行けるのが常識では？　生きたまま成仏できるなんて信じられないし、聞いたことがありません」

仏教の中でも「顕教《けんきょう》」の教えでは、あの世でやっと成仏できるという意味の「三劫成仏《さんこう》」を説いています。

三劫というのは、ざっくりいうと果てしない時間のこと。

落語の『寿限無《じゅげむ》』で「寿限無寿限無五劫《ごこう》の擦り切れ」というくだりがありますよね。この「五劫」というのは時間を表す単位で、「一劫」は100平方メートルの岩を、天女が1年に1回ずつ舞い降りて羽衣《はごろも》でさすり、岩が全部擦り切れてなくなるまでの時間のことをいうんです。

それが一劫だから、三劫なんてもうほぼ永久だよね（笑）。

「人間は三劫の時間を費やさないと仏になれないよ」というのが三劫成仏です。

人間は亡くなってあの世に行って、そして何回も生まれ変わって修行して、そうやって業《ごう》と呼ばれる魂のカルマをそぎ落としていくことで、やっと成仏できるんだと。そういう思想が顕教にはあります。

一方で、仏教の中でも「密教」の教えである「即身成仏」は「今、この世でこの体、この身、このままで成仏できるんだよ」という思想です。

私はその教えをもとに、「この世でちゃんとあの世に行ける。思い通りに幸せになれる」ということを、皆さんに伝えたいと思っているんですね。


とはいっても、本来は三劫の時間が必要なことを、生きている人生80年やそこらの時間で達成するなんて、とても可能とは思えないですよね。

でも、大丈夫です。

そのためのヒントを、宇宙の創造主である大日如

来様は、あらゆるものに形を変えながら、ちゃんと送ってくれているんです。

ときには怖い顔をした不動明王として、あるいは未来を見せてくれる弥勒菩薩として、またはその辺に生えている花の色として、電柱に貼ってあるチラシの文言として。

私たちが感じる力を研ぎ澄ませていると、必ず目の前にあの世からのヒントが現れてきます。試しに以下のことをやってみてね。

1. 夜、寝る前に合掌して大日如来様をお呼びし、「私に必要なメッセージをください」とお頼みしよう。
2. 見た夢の内容や、翌日にあった出来事、読んだ本、友達との会話などから、よくも悪くも気になったことが、今あなたに必要なメッセージ。
3. メッセージに気づいたら、大日如来様に「ありがとう」とお礼を言おう。

あの世とのつながりを意識し始めた頃は、メッセージが来ても「気のせいかも」と思うかもしれないけど、それをスルーしないことが大事です。

それをヒントに、意識を変えたり、行動したりするヒントに使ってみること。これを繰り返すうちに、自分の勘がどんどん冴えて、必要なメッセージを受け取れるようになりますよ。

自分で見聞きしたものだけでなく、仲のいい友達が叱ってくれるのもあの世からのメッセージです。だからたくさんの人と接することでも勘を鋭くできます。日頃から周囲の人とのご縁を大切に生きましょう。

そして、メッセージに気がついたら、感謝することも大切です。

身の回りのことも「当たり前」と思わずに「おかげさま」と思うこと。不足を感じたときに「ない」と不満を持つのではなく「ある」ところに目を向けるといいんですよ。

「一《いっ》花《か》開けば天下の春を知る」という禅の言葉があります。ここでの「一花」

とは自分の心の花のこと。この言葉には「修行者が長年の苦行難行の末にやっと心の花を開き、気づいてみたらあたり一面が春、悟りの世界であった！」という意味があります。そしてこの言葉を象徴するような、こんな話があります。

昔、雨の日は「下駄が売れぬ」と下駄屋を営む息子の商売を案じ、晴れの日は「傘が売れぬ」と傘屋を営む息子の商売を案じては泣いていたおばあさんがおりました。あるとき、1人の僧侶が「なぜ、晴れの日は下駄が売れることを、雨の日には傘が売れることを喜んでやらんのか？」と言います。

ハッとしたおばあさんは、それから笑って暮らせるようになりました。

誰でもこうした少しの意識の転換で、心の花を咲かせることができます。

小さな花を1つずつ、また少しずつ咲かせることで、やがて周りの人の心にも花を咲かせていくことができるようになります。

奇跡を起こせるようになるためには、日々を過ごしていく中で小さな幸せに気づきを得ていくこと。なんでも前向きに捉えて感謝する癖をつけておき、小さな花をたくさん咲かせましょう。

自分が持っている使命や役割を知る方法

怒りや執着などの感情を手放してフラットな気持ちで過ごせるようになると、大きな気づきが生まれます。自分の本当の気持ちがわかるようになり、自分が持っている役割にも気づいていくことができますよ。

●50歳・男性・ようすけさんのお悩み

「自分の使命について知るにはどうしたらいいでしょうか。これまでも自分に向いていそうなことを一生懸命考えて、たくさんチャレンジしてきましたが、なかなかうまくいきません。うまくいかないということは、使命ではないということでしょうか。もう年なので、早く使命に出会いたくて焦っています」

まず、使命を探そうとして頭で考えないことが大事です。

脳はこの世に生まれてからの数十年分の知識と知恵しか蓄積していません。ですから、脳に聞いても答えは見つからないんです。対して魂はあの世にありますから、自分の使命や生まれてきた意味を知っています。魂に意識を向ければ、魂を通じて直感として使命につながるヒントが降りてくるんですよ。

そして、「もう年だから」と焦るのもいけません。焦りの感情にとらわれていると、心が曇って魂からの直感が降りてきにくくなってしまいます。そうなるとかえって遠回りになり、余計に使命が見つからない。ですから、まずは焦りを手放してみましょう。

生まれてくる前の予定では60歳で人生を謳歌できるはずが、悩んでいるうちに70歳になってしまうこともあります。

それでもまだ生きていれば巻き返しが利くけど、いつまでも悩み続けていると、とうとう寿命時間に間に合わなくなって、ハイおしまい！　ってこともある。それでは成仏できずに幽霊になってしまうよ！

そうならないために、私がなぜ和尚になったかというお話をしますね。

小学生のときに父親を亡くしたこと。それを苦にした母親が、私を道連れにして心中しようとしたことがあるとお話をしましたね。

私はその経験から「人を救いたい」と思って修行をスタートしたんです。

つまり、「難」を発端に和尚の道を歩み始めたともいえますね。

普通はそういう「難」に出会うと、「なんで私だけこんな大変な目に？」と思うかもしれないけど、その経験によって気づきを得ることで見えてくる使命があるからこそ、そういう経験を与えられているのだと思いますよ。

私の場合は「母親に心中させられようとしたせいで」という気持ちを「母親に心中させられようとしたおかげさまで」というふうに意識を転換させたことで、自分の使命である和尚としての道を見つけました。

現在悩んでいたり、過去の辛かった出来事を思い出したり、未来の不安を抱いたりしているときこそ、その「難」をスルーせずに「これは魂からの気づきだ」と思えるようになることが、使命や役割に気づく方法です。

だからあなたも「大変な目にあったせいで」という意識を「大変な目にあったおかげさまで」に切り替えて、今を一生懸命生きていると、やがて使命が見つかると思いますよ。不利な状況下に育っても、自分の使命を果たしている人がたくさんいるのは、そういうふうに自分の過去を「せいで」から『おかげさまで』にシフトできたからだと思います。

使命と感じたことを実際に進めてみて、うまくいかないからといって、それが使命でないとも限りません。うまくいかないという「難」があるからこそ、そこから気づいて生き方を改善することで、もしかしたらうまくいく場合もあるかもしれない。だからうまくいかなくても不貞腐《ふてくさ》れないで、そこから得た気づきをもとに、今を精一杯生きることが大事です。

うまくいかないことを「難」と感じるのは、自分を誰かと比べているからではないでしょうか。自分が苦しいときに、苦しんでいない人と比べて心が乱れてしまっているのかもしれませんね。でも悩みがなさそうに見える人だって、本当にそうとは限りませんよ。生きていれば誰でも苦しみはあるもの。

人生は、難があるから有り難うなんです。

誰でも必ず生まれてきた意味があり、使命があります。

使命というと社会的な役割を考えがちだけど、魂としての役割は仕事ではないこともあります。だから仕事という形にとらわれないことも大切です。人によってはボランティアとして地域に関わることが使命かもしれないし、子どもを健やかに育てることが使命かもしれません。

使命を探すヒントは、いろんな人と関わっていくことでも見つかりやすくなります。

だから人とのご縁を大切にして、人から知識や知恵を学ぶことも大切ですよ。

心の底から喜んで奉仕できる人とは

「自利利他業」という仏教の言葉があります。

これは、「自ら悟りを開くために修行する」ことと「他人の利益のために行動する」ことの両方が大事だという意味です。

最初は自利のためにあの世の力（他力）を借りる。

どんどん甘えてもいい。それは信じる力と勇気のいることです。

そして自分が成長できたら、今度は人を応援してあげるほう、利他に変われるといいですね。

●43歳・女性・ゆうこさんのお悩み

「子どもの学校の役員決めで、くじ引きで役員になってしまいました。仕事を休んで会議に出席したり、細かい作業もあったりして大変なわりにお金はもらえないし、気が重いです。でも、中には忙しくても楽しそうに活動している人がいます。どうしたら私も前向きに活動できるでしょうか」

相手のことを考え、大切に思いやって自然に湧き出てくる気持ちは無償の愛、奉仕、応援ともいえます。そうした気持ちで行動し、相手が幸せになると、それは自分の幸せになります。

楽しそうに役員活動をしている人は、きっとそういう気持ちで取り組んでいるから、お金をもらえなくても幸せを感じられるんだと思います。

無償の愛、奉仕、応援する心は、自分が満たされていないと湧き出てくることはありません。誰でも悩みがあって、自分のことしか考えられないようなときには、人に奉仕したり、応援したりする余裕はなくなるよね。そういうときは、あの世のお力を借りて感謝の気持ちを思い出させてもらいましょう。

感謝の気持ちが湧いてくると、自分を満たすことができるんですよ。

宇宙の真理そのものの姿である大日如来様に見守っていただきながら自分がどれだけ人に応援されているかを思い出してみましょう。

1. 合掌して大日如来様をお呼びし、「私を日々支えてくれる存在を思い出させてください」とお頼みしよう。
2. 今までの人生でお世話になった人、嫌な相手だと思っていたけど学びや教訓をくれた人、現在の家族や友達などを思い出して。
3. 全員と手をつないで輪になっているイメージを持ってみて。その人たちと出会わなければ、今のあなたはここにいません。大日如来様が全員を無限の光であなたたちを照らしながら、それを思い出させてくれるよ。大日如来様に「ありがとう」とお礼を言おう。

応援してくれている人たちのことを思い出したら、今度は自分がどうやって彼らにお返しできるかを考えてみましょう。

よい情報を伝えるとか、荷物を持ってあげるでもいいんです。

そうして応援する心が芽生えていくと、役員の仕事も楽しく、やりがいを持って取り組めるようになるのではないでしょうか。


人を応援して、与える立場になると、人がたくさん集まってくるし、たくさんの人と絡むことで、その人たちからも知識や知恵を学べます。

「こういうことをしている人はこうなる」という統計ができるから、人の生き方に詳しくなり、適切なアドバイスもしてあげられるようになります。

「毎日暴飲暴食して、寝ずに遊んでいたら、病気になるよ」も知恵ですね。


さらにあの世からたくさんの神様たちが集まってきて、無限の可能性ができていくでしょう。

自分に神様たちの知識や知恵がついて、さらに多くのものを人に与えることができるようになるのです。

するとさらによいご縁に恵まれて、神様たちからももっと応援を受けられるようになり、夢も叶えられるようになり、奇跡が当たり前の毎日になります。人を応援し、応援される無敵の存在になります。

無敵とは勝つということではなく、「敵がいない」ということ。

つまりこの世の人々や、あの世の神様を含め、みんなを味方につけられるということなんです。

だから最初は神様仏様やご先祖様に頼んで、自分を満たすこと。それができた人は人を応援できるようになり、どんどん開運していきますよ。

大切なあの人に、もう一度だけ会う方法

人を応援し、応援してもらうことを繰り返していると、人と心と心でつながれるようになります。

でも人と仲良くなると、喜びを感じる半面、離れるときには辛いですよね。

●42歳・男性・こういちさんのお悩み

「先日親友が亡くなってしまい、とても辛いです。深い心の中のことまで話し合えた唯一の存在だったのに。この気持ちをどのように処理したらいいでしょうか」

誰でも生まれる前は心の内部の魂の存在としてあの世にいて、今回身体を

持ってこの世に生まれてきた、という話は先に書きました。
人は身体を失うと、また魂の存在としてあの世に帰ります。

でも生きている人も、心の中の世界である魂は常にあの世に存在していますので、心と心がつながっている相手とは、あの世でも心でやり取りすることができます。

お葬式の後の「追善供養《ついぜんくよう》」はまさにその仕組みを活用したものです。
初七日や二七日、三七日などの中陰《ちゅういん》の日に、生前ご縁のあった友達などが集まって「あいつ、マグロが好きだったよな。じゃあ今度、あいつのためのあの店にマグロを食べに行こうか」と食べに行ってあげる。それでその友達が「美味しかった！」と満足すると、故人も満足して、供養になるのですね。

そしてこの供養は、心と心が通じ合った相手にし

かできません。

四十九日まではこの追善供養ができるので、ぜひ故人のことを思い出して、本人が生前できなかったことを代わりにやってあげるといいですよ。

それ以外にも、日常的に故人を思い出すことで、いつでもつながることはできます。人生を思い通りに生き切ることができず、思い残したまま亡くなると、その人は成仏できずに幽霊になってしまいますね。

その思い残しを、代わりにやってあげることで浄化できるのは、心と心がつながっていて、故人の気持ちをわかってあげている人だけなのです。

ですから親友を作ることはとても大事です。

生きているうちに自分の気持ちを話せる人を作ることができると、亡くなった後に供養してもらえるでしょう。

人と深く関わるほどに、裏切られたり、別れたりすることが怖くて「親友を作るのは面倒」と考える人も増えていると思います。

でも今の時代こそ、人とつながることが本当に大事なことだと思います。親友を作ることで、自分の成長につながる気づきも得られるようになります。心と心でつながった親友は「お前って頑固だよね」とか「これが苦手だよね」とか、自分の心をわかってくれますね。そうした指摘を素直に受け取ることで、その先の人生をよりよくするヒントが得られるんです。

「同行二人《どうぎようににん》」という言葉があります。

お遍路をする人たちが、笠《かさ》や白衣によく書き込んでいるけど、これは「自分は1人ではない。空海と一緒に歩いている」という意味なんです。

そう思うことで、辛くなったときも乗り越える勇気が出てきて、お遍路を最後までやり通せるのです。

人生も辛いことがありますが、同行二人をもっと広く捉えてみてはいかがでしょうか。応援してくれる仲間がいてこそ、やり切ることができると思います。

死を意識する「模擬葬儀」のススメ

私が開催しているイベントの1つに「模擬葬儀」というものがあります。これは誰にでもいつかやってくる死を擬似体験し、限られた生を一生懸命に生きられるようにするためのものです。

模擬葬儀を体験した人からは「明日亡くなっても思い残すことがないよう、一生懸命生きたくなりました」「死を間近に感じられ、この肉体を大切にしようと思えました」「命は有限。やりたかったことを先延ばしにせず、すぐやることを意識したいと思います」などの感想が寄せられています。

実際にイベントに参加していただくと、深い気づきと学びが得られますが、参加するのは難しいという方のために、自宅でもできる「プチ模擬葬儀」を考えましたのでここでご紹介をします。

○プチ模擬葬儀のやり方

1）葬儀の意味を理解しておく

仏式の場合、次のような一連の儀式を経て、亡くなった人の魂はあの世へと旅立ちます。

それぞれの儀式には大切な意味があります。

・枕経《まくらぎょう》　死後すぐに、僧侶が故人の枕元でお経をあげて、本人に亡くなったことを告げ、あの世に渡るためのルールなども伝えます。枕経の後、故人の遺体は拭き清められ、納棺されます。

・通夜　家族や友人などが集まり、故人と一緒に最後の夜を過ごします。

・葬儀　僧侶が故人に対して、これからあの世に行って仏としての修行が始まることや、修行をするうえでの新しい名前＝戒名を伝え、この世への執着を手放すように諭すためのお経をあげます。故人はお経を聞き、線香が焚《た》かれる香りを嗅ぎながら、段階的にこの世への執着を捨て、あの世に行く決意をします。

・告別式　家族や友人が故人と最後のお別れをします。参列者はお焼香をし、遺族は料理などを用意し通夜振る舞いをして、故人を偲《しの》びます。

・火葬式　故人の体から魂が完全に抜けるよう、遺体を1000度のバーナーで火葬します。

・中陰法要　死者が成仏できるよう、残された人が行う追善供養。初七日、二七日、三七日、四七日、五七日、六七日、七七日＝四十九日と、7日ごと49日間にわたって行います。それぞれの日に身内や友人、ご縁の深い人が集まって故人の話をしたり、故人が好きだったものを食べたりすることで、故人の魂を満たします。

2）エンディングノートを書く

自分が亡くなったときや、意識不明になった場合に備え、必要な情報を「エンディングノート」に書き残しておきましょう。

そうすることで、自分が生きてきた記録や、家族・友人への思い、自分の葬儀や埋葬についての希望を遺族に伝えることができます。

模擬葬儀では、簡易的に以下の項目について書いてみてください。

・誕生日と誕生の記録（○年○月○日、元気に産声を上げた、○グラムで生まれた、など）
・幼い頃～学生時代の思い出、楽しかったこと、辛かったこと
・卒業～これまでの思い出、楽しかったこと、辛かったこと
・両親や兄弟姉妹との思い出
・家族との思い出
・友達との思い出
・仕事で頑張ったこと、楽しかったこと、辛かったこと

・特技や趣味についての思い出
・葬儀について　参列してほしい人、流したい音楽、遺影に使ってほしい写真など
・お墓について　お墓の有無、ない場合は埋葬してほしいお寺など

3）布団に入り、電気を消して目を瞑《つぶ》る

自分の葬儀をイメージし、棺桶《かんおけ》に入ったつもりで布団に入り、電気を消して目を瞑って、家族や友達がお焼香をしてくれているところをイメージしましょう。

できれば葬儀の際のお経を流しながら行うとより臨場感が増します。

あなたも亡くなったら、このような手順で葬儀が行われ、肉体は火葬され、魂はあの世に旅立つことになるのです。

誰でもいつ亡くなるかはわかりません。
明日の朝亡くなることだってありえるのです。

ですから、毎朝起きられて、1日を生きられるということは本当に奇跡なんです。

また、序章でも書かせていただきましたが、変化があり、さらには成長があるのは生きている間だけの特権です。

生きているというのは、本当に素晴らしいこと。

模擬葬儀を通して、そんなことを感じてもらえたら幸いです。

おわりに

私自身、もともとはコンプレックスが多く、人間が嫌いでした。

小学生で父親を亡くしてから貧乏生活となり、戦中に建てられたボロボロの家を借りて住んでいました。

本文でもお話をしましたけれど、私は一人っ子なのですが、父親が亡くなった後、母が自害を図りました。堤防に連れていかれて「一緒に死のうや」と、心中しようとしたのです。でもね、私は嫌でしたね。「なんで俺が一緒に死なないかんねん、お前が死ね」と思った（笑）。だから、そのまま後ろを向いて帰ってきました。そこで母親も死ぬのはとどまったのですが。

辛い出来事でしたが、私はそこから「自分に何かできることはないか」と考えるようになりました。もともと母親は身体の弱い人でした。それを、父親が山伏の修行をして祈ることによって母親が奇跡的に回復した、という話を、私は母から何度も聞いて育ちました。

そしてお地蔵様に願かけをして、子どもを授かることができて、高齢出産でリスクが高いからどこの病院でも断られる中、お産婆さんの介助だけで、私は生まれてきたそうです。そういう信心深い両親だったから、有り難いことに、私には小さいときから手を合わせるという習慣性はあったんです。

「人に役立つことを何かできないか」という気持ちと、そうした経緯もあって、私はお坊さんになろうと思うようになりました。そして15歳のとき、高野山でお寺に住み込みでの修行を始めました。

でも、その頃はまだ若かったからね。なんのツテもなくお坊さんになるのは難しいということを知らなかったんです。

というのも、お坊さんになろうと修行に来ている人というのは、ほとんどはお寺さんの息子さんなんですよね。彼らは実家がお寺だから、就職できないという心配もない。裕福な人らも多かった。

そういう中で、就職のあてもなく、貧しい生まれだった私は、悔しい思いをいっぱいしてきました。

でも、不平等を嘆いている暇はない、とすぐに思い直しました。

修行仲間の中には逃げ出していく人もいっぱいいましたが、逃げてたまるかと思ったんです。

辛い中でも頑張っていると、幸い、守ってくれる先輩とか、気にかけてくれる人たち、手を差し伸べてくれる人たち、向き合ってくれる人たちが現れました。そこで、さらに自分も恩返しではないけど、その人たちの役に立ちたいと強く思ったんです。

自分がもっと力をつけることで、人に何かをしてあげられる人になったときに、今まで自分がたどってきた道の意味や、人が生きる本当の意味などの大切なことがきっとわかるのではないかと、そういうことを考えるようになりました。


そして私はさらに密教を熱心に学ぶようになりました。

密教は故人の供養ももちろんですが、今を大切に生きる事、そして、今生かされていることに向き合って自分の役割に気づくために説かれた教えです。苦しみの中にある私たちを救うヒントがたくさんあります。それをお伝えしたいと言う気持ちで取り組みました。そうして10年の修行を終え、いくつかのお寺での寺務を経て、今の私がいます。

「せいで」を「おかげさま」に変えてきて今の人生があるわけです。

ところで「宗教っていったい何だろう?」と思うことはありませんか?

今、宗教に関する問題が数多く浮上していて、事件にもなっています。

強引な勧誘をしたり、高いお金を取ったりする。そういう宗教も少なくありません。

でも宗教とは本来、人が救われるためのものです。高額なお金がかかるとか、霊能によって依存させるなどの胡散臭いものではないはずなんです。

そして信心は、宗教を持たなくてもできるものです。ご先祖様に手を合わせたり、好きな神様を信じたり、占いを信じるのも信心だといえます。

神様を信心しながら、自分の心を磨いて幸せになっていく。

それは人が生きるうえで、とても大切なことだと思います。

この本に書いてあるようなことを、本来はどの宗教も謳っています。結局はどの宗教も、自分の心と向き合って、穏やかに生きるための方法を教えているのだと思います。宗教を持つか持たないかというよりは、結局は生き方を正すことが大切なのです。

私は今、インドネシアのバリ島に建立されたお寺の和尚を任せられています。バリには50年前の、神々に守られていたときの日本があります。土地の神様、海の神様、山の神様などがいるという概念が息づいていて、毎日子どもから大人まで、手を合わせてお参りしているんですね。ホテルに泊まっても、ホテルのスタッフは出勤すると、まず屋敷神のところに行って線香を立てて、5分くらい心を込めて手を合わせて祈って、そこから仕事を始めます。日常に信仰があふれているのです。

神々が元気に生きられて、空気も喜んでいるから、人間も神々に守られて平和に暮らしています。

私もバリに行くと、ものすごい元気になるし、心が楽ちんになるんです。

それと同じように、50年前の日本にも信心がありました。
つまり、あの世にお任せする習慣があったので、人々は今ほど悩みにはまることはなく、精神的な病も多くはありませんでした。だから人々の心が鬼になるようなこともなく、凶悪な事件が起こることも少なかったのです。

昔から八百万の神を信仰していた日本人は、美しい言霊を持ち、即分などの節目で邪気を祓う習慣も持っていて、だからこそ、平和を保ってきたのだと思います。

当たり前のように信仰が身の回りにあったのです。だから今、それを取り戻そうよ。そのために、今を生きることを大切にしようよと。私はそう思い、多くの人にそれを伝えたいと思ってこの本を書きました。

ここまで読んでくださったあなたに、心から最大の感謝と、幸せへの祈りを捧げます。

山平 善清（やまひら　ぜんせい）
1972年鹿児島県生まれ。在家出身。15歳のときに高野山に登り高校入学と同時に出家。約10年高野山で修行を積む。その後、三重県伊勢市に真言宗系単立寺院を建立。現在は、住職や経営者など、複数の顔を持つ。境内にライダーズカフェを作るなど、人が集まりご縁が広がるお寺を運営している。

日本一《にほんいち》「楽《らく》」を生《い》きるお坊《ぼう》さんの開運説法《かいうんせっぽう》
あの世《よ》のお力《ちから》借《か》りてみな

2023年９月20日　初版発行

著者／山平《やまひら》 善清《ぜんせい》

発行者／山下 直久

発行／株式会社KADOKAWA
〒102-8177　東京都千代田区富士見2-13-3
電話 0570-002-301（ナビダイヤル）

印刷所／大日本印刷株式会社
製本所／大日本印刷株式会社

●お問い合わせ
https://www.kadokawa.co.jp/（「お問い合わせ」へお進みください）
※内容によっては、お答えできない場合があります。
※サポートは日本国内のみとさせていただきます。
※Japanese text only

定価はカバーに表示してあります。

ISBN 978-4-04-606432-5　C0095